내 아이의 리치 마인드

OKANE NO KYOIKUGA SUBETE.
7SAIKARA TOSHI MINDGA MINI TSUKU HON

by Mian Sami

© Mian Sami 2019, Printed in Japan
Korean translation copyright © 2021 by Hainaim Publishing Co., Ltd.
First published in Japan by KANKI PUBLISHING INC.
Korean translation rights arranged with KANKI PUBLISHING INC.
through Imprima Korea Agency.

소득 불평등의 시대에서 살아남는 돈의 교육

내 아이의 리치 마인드

미안 사미 지음 | 부윤아 옮김

해냄

교육 전문가도 아닌 내가 왜 교육에 대한 책을 썼을까? 그 이유는 현재 아이들에게 돈의 교육이 전혀 이뤄지고 있지 않다는 사실에 강한 위기감을 느꼈기 때문이다.

돈의 교육은 아이들의 미래에 안심과 자유 두 가지를 줄 수 있다. 반대로 이 교육을 받지 못하는 아이에게는 비참한 인생이 기다리고 있을지도 모른다.

돈의 교육이 이루어지느냐 그렇지 않느냐에 따라 아이의 인생이 크게 좌우될 것이며, 바로 이것이 아이들에게 가르쳐야 할 교육의 전부다. 사랑하는 아이들을 위해 지금 바로 돈의 교육을 시작하자.

| 차례 |

3장 돈의 구조를 아는 것부터 시작하자

4장 자녀와 함께 배우는 돈의 역사

5장 가정에서 할 수 있는 돈의 교육, 실전편

에필로그 돈의 교육은 자녀의 미래에 복리를 안겨준다

일러두기

1. 본문의 내용은 2019년 4월 당시의 일본 제도와 정보를 바탕으로 하고 있습니다.

2. 본문에 등장하는 화폐 단위는 저자의 의도를 명확히 전달하기 위해 일본 원서를 그대로 살려 엔화로 표기했으며, 1엔은 한화로 환산하면 약 10원의 가치를 가집니다.

3. 본문의 글 중 서체를 변경하고, 윗첨자로 표기한 것은 옮긴이가 독자들의 이해를 위해 덧붙인 글입니다.

4. 책 제목은 겹낫표(『 』), 편명, 논문, 보고서는 홑낫표(「 」), 신문, 잡지는 겹꺾쇠(《 》)를 써서 묶었습니다.

5. 금융 상품에 투자를 할 때는 해당 정보를 자세히 확인하여 자신의 판단으로 진행해야 합니다. 이 책을 이용한 것에 따라 입은 어떤 손해에 대해서도 저자 및 출판사는 책임을 지지 않습니다.

돈의 교육은 교육의 모든 것이다

학교 성적은 나빠도 괜찮아!

얼마 전에 나는 도쿄에 있는 집을 2억 엔 정도에 매각했다. 이사를 하기 위해서 짐을 정리하던 도중 상자 하나를 발견했는데, 열어보니 그 안에는 초등학교 때부터 고등학교 때까지의 내 성적표가 보관되어 있었다. 스스로 옛날부터 공부를 잘하는 아이였다고 생각했기 때문에 그 성적표를 열어보고는 깜짝 놀랐다. 놀랍게도 대부분이 수우미양가 중 '양'으로 채워져 있는 것이 아닌가! 정말로 이것이 나의 성적표인가? 다시 한번 이름을 확인했을 정도였다.

하지만 차분히 기억을 떠올려보니 확실히 어렸을 때 나는 게임만 하는 아이였다는 사실이 떠올랐다. 그렇다, 공부는 늘 뒷전이었던 것이다. 그 결과 초등학교부터 고등학교 시절까지 성적은 늘 '양'에서 끽해야 '미' 사이를 맴돌았다. 신기하게도 성적이 이렇게나 심각했다는 사실을 완전히 잊어버리고 있었던 것이다.

🏻 학교 성적은 경제적인 성공에 영향을 주지 않는다

다만 나의 경험에서 말하자면 학교 성적은 경제적인 성공에 영향을 주지 않는다. 이렇게 생각하는 이유는 대략 두 가지가 있다. 하나는 부모님이 학교 성적에 관해 말을 많이 하지 않는 환경에서 자란 것이다. 파키스탄 사람인 아버지는 학교 성적에 대해서 이러쿵저러쿵 이야기하는 일이 거의 없었다. 대신에 아버지가 입버릇처럼 했던 말이 있다.

"절대로 회사의 노예가 되어서는 안 된다."

"쓸데없는 것에 투자하지 마라. 네 주머니에는 구멍이 뚫려 있어."

대부분 돈과 관련된 말이었다. 이런 아버지의 말씀이 어느샌가 돈과 관련된 나의 신념으로 자리 잡았다.

그리고 학교를 졸업한 후 사회에 나와 우여곡절을 겪은 끝에 현재는 10억 엔이 넘는 개인 자산을 보유하고 있고 시간적으로도 자유롭게 살고 있는데 그 원동력은 학교에서 배운 지식이 아닌 돈의 지식이었던 점이 크게 작용했다는 것이 두 번째 이유이다.

나는 대학을 졸업한 후 10여 년간 금융업계에 적을 두면서 돈의 흐름을 수없이 듣고 마주하는 상황을 겪었다. 그리고 수많은 부유층과 교류하면서 돈의 지식을 향상시킬 수 있었다. 또 직접 투자를 하면서 겪은 다양한 실패와 성공을 통해서도 많은 것을 배웠다. 이런 경험을 통해 인생에서 가장 중요한 것은 돈에 관련된 폭넓은 지식, 다시 말해 파이낸셜 리터러시Financial literacy를 익히는 것이라고 확신하게 되었다.

내가 정의하는 파이낸셜 리터러시란 올바른 돈의 신념을 가지고 돈의 구조와 역사를 배워 돈에 대한 지식을 기르는 것이다. 이 파이낸셜 리터러시를 살아가는 지침으로 삼은 덕분에, 나는 지금 아내와 아이 넷과 함께 안심과 자유가 있는 인생을 보낼 수 있게 되었다. 다시 말하자면 풍요로운 인생을 보내기 위해서는 학교 성적보다 돈의 지식이 필요하며, 이런 사실을 40년이라는 긴 시간 동안 익혀왔다. 하지만 그 사실을 모르는 어른들이 너무나 많아서 안타까운 심정이다. 뒤에서 자세하게 설명하겠지만, 경제 사이클을 살펴보면 앞으로 몇 년간 세계 경제는 큰 변화의 시기를 맞이할 것이다.

아이 넷을 둔 부모로서, 돈에 대해 배워온 전문가로서, 이 나라에서 쑥쑥 성장하고 있는 아이들의 미래에 위기감을 느낀다. 나는 다음 세대에게 올바른 돈의 지식을 물려줘야만 한다는 강한 신념을 가지고 부모와 아이들이 함께하는 온라인 커뮤니티를 개설하는 등 파이낸셜 리터러시 향상을 위한 노력을 아끼지 않고 있다.

100년에 한 번 찾아오는 전환기를 살아가는 아이들에게

지금 전 세계가 커다란 금융 시스템의 전환기에 있다. 세계에서 가장 성공한 펀드매니저로 알려진 레이 달리오는 '곧 100년에 한 번 있는 전환기가 찾아온다'고 말했다.

또 빈부 격차가 지나치게 커지면서 세계 곳곳에서 긴장감이 높아지고 있다. 가난이 없는 공정한 세상을 모토로 세계 100여 개국에서 활동하고 있는 국제비정부조직NGO 옥스팜은 '세계에서 가장 부유한 여덟 명과 세계 인구 중 경제적인 혜택을 받지 못하는 36억 7,500만 명, 즉 세계 인구의 50퍼센트의 자산액이 거의 비슷하다'는 조사 결과를 내놓았다. 이러한 빈부 격차는 앞으로도 계속해서 커질 것으로 예측된다.

이 책을 펼친 독자 여러분 중에도 빈부 격차의 확대에 불안을 느끼는 분이 많을 것이다. 앞으로 더욱 큰 어떤 일이 일어날 것 같다는 불안감뿐만 아니라, 특히 자녀가 있는 가정에서는 점점 더 위기감을 느낄 수도 있다.

소중한 아이들의 미래를 위해 무엇을 할 수 있을지 진지하게 생각하고 배워서 준비할 수 있는 모든 것들을 해주고 싶을 것이다.

💵 돈의 교육을 지금 바로 시작하자

이 위기감이 지금의 교육 트렌드에도 드러나고 있다. 단순히 학교에서 배우는 지식과 학력을 높이는 것에 그치지 않고, 어떤 사회 정세 속에서도 살아갈 수 있도록 아이들을 키우는 방법에 관한 자녀 교육서가 서점에 넘쳐난다. 학교에서도 액티브 러닝Active Learning 이 도입되는 등 구태의연하던 교육의 세계가 이제야 겨우 변화할 조짐이 보이기 시작한 일은 매우 고무적이다.

하지만 내가 앞으로 살아갈 아이들에게 가장 중요하다고 생각하는 '돈의 본질'에 대해서는 여전히 배울 기회가 없다. 이대로라면 불안을 느끼면서도 돈에 대한 지식이 부족해 아무런 대응을 하지 못하는 사람이 늘어날 것이다. 그런 위기감이 이 책을 쓰게 된 가장 큰 이유이다.

틀림없이 앞으로 찾아올 것이라고 예상되는 전환기는 우리, 그리고 우리 자녀의 인생에 상당한 관계가 있다. 그리고 돈의 지식 유무에 따라 그 시기를 잘 대처할 수 있을지가 결정된다.

100년에 한 번 찾아온다는 전환기를 준비할 수 있는 유일한 대책은 파이낸셜 리터러시를 향상시키는 것, 다시 말해 돈의 교육을 하는 것이다.

나는 돈의 교육이야말로 교육 중에서 가장 중요하고 또한 가장 우선시되어야 한다고 확신한다. 왜냐하면 돈은 사람이 태어난 순간부터 평생 동안 따라다니며 인생의 행복을 크게 좌우하기 때문이다.

'돈에 대해서 이해한다면 행복하게 살아갈 수 있다'고 말해도 과언이 아니다. 비판과 오해가 있을지도 모르지만 그래도 나는 분명하게 말씀드리고자 한다.

돈의 교육이 전부다.
이것이야말로 가장 우선시되어야 할 교육이다.

프롤로그에서는 각 가정마다 '돈의 교육력'이 어느 정도인지 알 수 있는 여덟 가지 질문을 준비했다. 각각의 질문을 통해 현재 상황을 파악할 수 있다.

1장에서는 돈의 교육이 필요한 이유에 대해 개괄적으로 보여주고, 2장에서는 돈에 대한 신념, 마인드를 갖추는 방식에 대해 설명한다. 그리고 3장에서는 돈의 구조, 4장에서는 지난 100년 동안의 돈의 역사에 대해서 각각 아이들도 이해할 수 있도록 설명한다. 5장에서는 실제로 아이들에게 어떤 돈의 교육을 하면 좋을지 대상 연령별로 나눠서 제안한다.

에필로그에서는 돈의 교육으로 아이들이 익힐 새로운 능력에 대해 이야기했다. 전체적으로 우선 부모가 가지고 있는 돈에 대한 편견과 착각을 떨치고 올바른 돈의 지식, 파이낸셜 리터러시를 익히도록 설계했다. 아이들에게 가르칠 때 필요한 포인트도 곳곳에 집어넣었으며 다양한 대화 예시도 준비했다.

부디 많은 가정에서 부모와 자녀가 함께 이 책을 최대한 활용해 주기를 바란다. 그리고 모든 아이들이 '안심하고 자유롭게' 생활하는 미래를 맞이하기를 간절히 바라는 바이다.

아들 넷을 둔 아빠
미안 사미

'돈의 교육력'을
알 수 있는 8가지 질문

FINANCIAL LITERACY IS EVERYTHING

프롤로그의 Summary

❀ 행복의 근원에는

안심과 자유 두 가지가 있다.

❀ 안심과 자유 두 가지를 얻는 삶의 방식에는

리치 마인드가 필요하다.

❀ 리치 마인드를 갖추기 위해서는

돈의 교육을 빠뜨릴 수 없다.

결국 자녀의 행복과
직접 연결되는 것은 돈이다

나는 아이 넷의 아버지로서 매일매일 육아로 전쟁을 치르고 있지만, 다른 부모들과 마찬가지로 아이들의 인생이 행복하기를 간절히 바라면서 애지중지 키우고 있다.

각 가정이 추구하는 교육 방침은 제각각 다르다. 어떤 부모는 세계를 무대로 활약해주기를 원하고, 어떤 부모는 자녀가 원하는 길을 자유롭게 가기를 원할 것이며, 혹은 건강하고 튼튼하게 성장해주기만을 바라는 부모도 있을 것이다.

아이들의 미래에 대해 바라는 바는 제각각 다르겠지만, 한 가지확실하게 말할 수 있는 공통점이 있다. 바로 아이들의 행복을 원하지 않는 부모는 없다는 것이다. 행복에 대한 이미지는 사람마다 각각 다르다. 하지만 그 행복의 근원에는 안심과 자유라는 두 가지 요소가 있다고 나는 보고 있다.

내가 생각하는 안심이란 생활이 곤란하지 않은 수준의 돈이 일정하게 들어오는 안정된 수입이 있는 상태다. 또 자유란 소중한 가족과 지낼 시간이 충분히 있고, 좋아하는 친구들과 함께할 여유를 누리고, 취미와 여가를 마음껏 즐기거나, 혹은 하고 싶다고 생각하는 일에 제한 없이 도전할 수 있는 상태를 가리킨다.

지나치게 자유만을 좇는 바람에 생활이 곤란해지는 인생에는 안심이 없다. 충분한 돈이 있어도 인생을 즐길 자유로운 시간이 없는 삶 또한 괴롭다. 다시 말해 행복한 인생을 보내기 위해서는 안심과 자유 두 가지를 함께 가져야 한다.

이 책에서는 돈을 얻어도 전혀 자유롭지 않고 평생토록 생활비를 버는 데 좇기며 사는 사람은 푸어 마인드를, 자산을 늘려 안심과 자유를 얻어 살아가는 사람은 리치 마인드를 갖추었다고 다루고 있다. 또한 자녀에게 리치 마인드를 키워주기 위한 많은 힌트를 담았다.

아이들이 살아가는 미래가 어떨지, 어디에서 어떤 사람들과 살고 어떤 일을 하며 살아갈지는 알 수 없다. 하지만 리치 마인드를 가진 사람으로 성장하여 안심과 자유가 있는 인생을 손에 넣기를 원하는 것만은 확실하다. 분명 여러분의 자녀도 마찬가지 아닐까?

안심과 자유가 있는 미래를 얻기 위해 우선적으로 가르쳐야 하

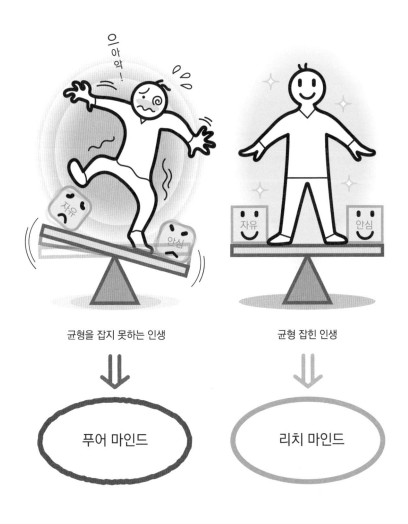

균형을 잡지 못하는 인생   균형 잡힌 인생

푸어 마인드   리치 마인드

그림 0-1 푸어 마인드와 리치 마인드의 차이

는 부분은 돈이 무엇에서 생겨나는지와, 돈을 만들어내고 변제하는 능력을 키우는 돈의 교육이다. 이런 돈의 교육이 안심과 자유가 있는 인생으로 이어지게 하는 열쇠이기 때문이다.

그런데 안타깝게도 이렇게 중요한 돈에 대해 제대로 가르칠 수 있는 어른이 거의 없다. 나는 이런 상황에 강한 위기의식을 느끼고 있다. 학교에서나 가정에서나 돈의 교육이 부족하다. 우선은 가정의 현재 상황을 파악하는 것부터 시작해야 한다.

현재 자신이 갖추고 있는 돈의 교육력에 대해 알기 위해 다음 여덟 가지 질문을 체크해보자.

Q1

자녀의 미래에 닥칠 수 있는

최대 위기는 무엇이라고

생각하는가?

답은 현저한 소득 격차이다. 지금 세계 후진국을 제외한 중산층의 소득은 계속 줄어가는 반면 부유층은 더욱더 부를 늘려가고 있다. 이는 비단 해외에서만 일어나는 현상이 아니며, 국내도 마찬가지다. 각종 통계 자료에 따르면 부자는 더욱 부를 늘리는 반면 중산층 이하의 소득은 계속 줄어들어 생활이 갈수록 힘들어지고 있다. 그리고 소득 격차가 기회 격차를 만들고, 기회 격차에 따라 소득 격차가 점점 더 벌어지는 악순환에 빠져 있다.

　예를 들어 2013년부터 2017년까지 5년 동안 대기업 임원 연봉은 1.8배 증가했다. 또 2012년부터 2017년까지 부유층 상위 40명의 자산은 배로 증가했다. 반면 저축이 전혀 없는 가구는 2012년부터 2016년까지 30퍼센트 이상 늘어나 2016년 시점으로 1,788만 가구를 넘어섰다고 한다. 소득 격차, 자산 격차가 뚜렷해진 것을 알 수 있다.

　일반적으로 소득이 낮은 사람들의 노동 수입은 줄어들고, 아르바이트와 비정규직 등의 워킹 푸어가 증가하면서 저축이 없는 세대와 자살자 수가 늘어나고 있다. 가난한 사람은 더욱 생활이 힘들어져 사는 것마저 포기하게 되는 비참한 상황이다. 10년~15년 후 지금 아이들이 일하기 시작하는 시기가 되면 소득 격차는 더욱 커질 것이다. 부모가 이 현상에 대해 진지하게 고민하고 부유층들은 어떻게 돈을 늘리고 있는지를 깨달아 아이들을 이끌어줄 필요가 있다.

Q2

좋은 대학을 졸업하고

좋은 회사에 들어가는 것이

가장 좋은 방법이라고 생각하는가?

이 질문에 대해서는 요즘 같은 때에 좋은 대학과 회사에 들어가는 것만으로는 안정적인 삶이 보장되지 않는다고 생각하는 사람이 많을 것이다. 하지만 실제로 자녀에게 하는 교육은 어떨까? 자신의 아이가 부자가 되기 위해서는 우선 명문 대학에 들어가 좋은 기업에 취직하는 것이 정확한 길이라고 생각하고 있지는 않은가?

그런데 그 생각은 틀렸다. 현재 돈을 불리고 있는 부유층이 어째서 돈을 계속해서 불릴 수 있을까? 그것은 결코 좋은 대학에 진학하여 대기업에 들어갔기 때문이 아니다. 명문 대학을 졸업하고 대기업에서 일한다고 해도 부자가 되기는커녕 더이상 안정적이지 않다는 사실을 어렴풋이 느끼는 사람이 많음에도 여전히 입시와 교육에 대한 열기는 과열되어 있다.

학력 중시 경향은 그다지 변하지 않았다는 증거이며, 어떻게든 '좋은 대학'과 '좋은 회사'의 길 위에 아이를 올려놓으려고 한다. 그 이유는 무엇일까? 그 답에 대해서는 1장에서 이야기해보자.

Q3

'행복하면 충분하다'는 식의

적당한 인생을 원하는가?

'꼭 부자가 될 필요는 없지.'

'남에게 피해를 주지 않고 행복하게 살아간다면 그걸로 충분해.'

'돈을 불리는 데 신경 쓰지 말고 힘든 일 없이 살았으면 좋겠다.'

이런 생각을 하는 부모가 많다. 출세하거나 수입을 늘리는 것이 반드시 행복한 인생과 직결되지는 않는다. 대다수의 사람이 평범한 생활을 하는 정도의 수입만 있으면 행복한 인생을 보낼 수 있다는 것도 사실이다.

하지만 시대는 변했다. 안타깝게도 부모 세대와 똑같은 '적당한 인생'을 자녀들의 세대가 보낸다는 보장이 전혀 없다. 첫 번째 질문에서 본 것처럼 빈부 격차가 엄청난 기세로 벌어지고 있기 때문이다. 그 영향은 반드시 자녀들에게도 미친다.

다시 말해 아무런 대책을 세우지 않으면 부모가 생각하는 것 같은 '적당한' 생활을 선택하는 것조차도 분에 넘치는 꿈이 될 수밖에 없는 시대이다.

앞으로 사회에 나아갈 자녀들에게 조부모 세대와 부모 세대가 걸어온 것 같은 평범하고 고만고만한 인생의 레일을 깔아주기는 어렵다. 안심과 자유가 있는 적당한 인생을 걸을 수 있게 만들어주기 위해서라도 역시 돈의 교육이 필요하다.

Q4

자녀가 부자가 되는

방법에 대해 물어본다면

어떻게 대답하겠는가?

아마도 공부를 많이 해서 열심히 일하면 된다고 대답하는 사람이 많지 않을까? 혹은 더 구체적으로 의사나 변호사가 되거나 회사를 세워 사장이 되는 것이 좋다고 대답할 수도 있을 것이다.

하지만 부자가 되는 방법은 열심히 일하거나, 의사나 변호사나 사장이 되는 것이 아니다. 세상을 둘러보면 열심히 일하는데도 일상생활이 힘든 사람이 많이 있다. 수입이 높다고 생각하는 의사나 변호사조차도 일에 쫓겨 가족과 느긋하게 이야기를 나누거나 취미를 즐길 시간을 누리는 여유를 잃어버린 경우가 많다.

바쁜 만큼의 수입을 얻는다면 그나마 다행이지만 최근에는 의사나 변호사 중에서도 놀랄 정도로 박봉에 시달리는 사람이 적지 않다는 비참한 현실이 존재한다. 또한 회사를 경영하는 사장이 되어도 많은 사장들이 자금 융통에 쩔쩔매며 사업과 직원을 지키기 위해 잠들지 못하는 나날을 보내곤 한다.

열심히 일해도 부자가 된다는 보장도 안심도 자유도 없다. 나도 아이들에게 같은 질문을 받은 적이 있는데, 이때 내가 어떤 대답을 했는지 뒤에서 자세하게 이야기해보겠다.

Q5

자녀에게

용돈을 주고 있는가?

초등학생 이상의 자녀가 있는 가정이라면 '네'라는 대답이 많을 것이다. 일반적으로 가정에서 돈의 교육이라고 하면 용돈을 주는 것에서부터 시작한다. 용돈은 대부분 금액을 정해서 주거나 필요한 때에 필요한 만큼 주고 있을 것이다.

하지만 어떤 방법이 되었든 단순히 용돈을 주는 것만으로는 충분한 돈의 교육을 하고 있다고 말할 수 없다.

돈을 건네줄 때 낭비하면 안 된다고 주의를 주거나, 혹은 잘 저금해두라고 이야기하기도 한다. 하지만 안타깝게도 돈의 사용 방법에 대해 가르치거나 낭비를 경고하면서 저축을 권하는 것만으로는 안심과 자유가 있는 인생을 보내는 리치 마인드를 갖출 수 없다.

낭비란 무엇이고, 왜 낭비를 해서는 안 되는 걸까? 왜 저축을 해야만 하는 걸까? 나중에 이야기하겠지만 지나친 저축에는 리스크가 따르는데, 이에 대해 아이들에게 잘 설명할 수 있을까?

용돈이 어떤 형태가 되어야 할지 다시 한번 짚고 넘어갈 필요가 있다.

Q6

?

자녀를 위한 저축을 하거나

학자금 보험에 가입했는가?

자녀 교육에 열심인 독자라면 '네'라고 대답하는 사람이 많을 것이다. 실제로 아이가 태어나면 많은 부모가 일찍부터 학자금에 대해 걱정한다.

유치원에서부터 대학교까지 전부 공립을 다닌다고 해도 대략 계산하면 1,000만 엔, 사립 교육을 받거나 해외 유학 등을 생각한다면 더욱 많은 돈이 필요하게 된다. 우리나라의 경우 「OECD 교육지표 2020」에 따르면, 2017년 우리나라의 초등교육에서 고등교육까지의 공교육비 지출액은 학생 1인당 11,981달러로, OECD 평균보다 높았다. 이렇게 많은 비용을 충당하기 위해 대부분의 부모가 열심히 저축을 하고 있을 것이고, 여기에 더해서 학자금 보험에 가입하기도 한다.

학자금 보험 중에는 환급율이 105퍼센트 이상인 상품도 있기 때문에 이자가 1퍼센트도 되지 않는 은행 저축보다는 유리할지 모른다. 하지만 원금을 보장하지 않는 상품도 적지 않다. 또한 약 20년 후에 총 납입한 금액보다 증가한 것처럼 보이는 환급금도 인플레이션 때문에 실질적인 가치가 줄어 있을 가능성이 높다.

다시 말해 자녀의 미래를 생각하면 저축이나 학자금 보험만으로는 충분하지 않다. 참고로 나도 아이가 네 명 있지만, 학자금 보험은 들지 않았다. 대신 다른 걸 하고 있는데 이는 이후에 자세히 다룰 예정이다.

Q7

자신이 직접 투자해본

경험이 있는가?

여러분의 답은 '네'와 '아니요' 중 어느 쪽인가?

자녀를 리치 마인드를 갖춘 사람으로 키우는 포인트 중 하나는 투자를 하여 돈을 늘리는 기술을 익히는 것이다.

앞의 여섯 번째 질문에서 봤듯이 그저 저축만 해서는 인플레이션으로 인해 상대적인 돈의 가치가 줄어들 가능성이 있다. 자녀를 가르치기 위해서는 부모 자신이 투자를 경험해봐야 한다. 그런데 대부분의 부모가 투자 경험이 없다.

2016년에 일본의 금융홍보중앙위원회에서 실시한 '금융 리터러시 조사'에 따르면 자녀를 양육하는 세대 중에서 주식과 투자 신탁 등 어떤 형태로든 금융 상품을 구입한 적이 있는 세대의 수는 30퍼센트에 조금 못 미치는 정도라고 한다.

안타깝게도 일본 전체의 파이낸셜 리터러시는 세계적으로 봐도 상당히 낮은 것이 현실이고, 돈에 관련된 교육 활동을 할 때마다 이 부분을 통감하고 있다.

그렇다면 왜 이렇게 파이낸셜 리터러시가 낮을까? 그 이유는 지금까지 학교에서도 가정에서도 돈의 교육을 받을 기회가 거의 없었기 때문이다.

Q8

부부가 함께

가정의 돈에 대해

이야기하고 있는가?

많은 사람이 '아니요'라고 대답할 것이다. 혹은 조금은 이야기한다고 답하는 사람이 대부분일 것이다.

우리는 집에서 돈 이야기를 하면 싸움으로 이어지기 때문에 가능하면 피하고 싶다는 생각을 무의식중에 하기 쉽다. 실제로 부부 사이에 다툼이 일어나는 원인으로 돈 문제가 상위에 있다. 이혼 사유의 상위 다섯 번째 안에도 배우자가 생활비를 주지 않는 등의 금전 문제가 올라가 있다.

또한 지금은 부부 맞벌이가 일반적이 되면서 소득을 부부가 각자 관리하는 가정도 늘어나고 있다. 가정의 지갑이 하나였던 시대와 비교하면 가정 전체의 경제 상태를 파악하기 힘들어진 것이다.

돈에 대해서는 꽤 이야기를 나누고 있지만 언제나 분위기가 나빠진다는 사람도 있다. 그럴 때 옆에서 이야기를 듣는 아이들에게 어떤 영향이 있을지 상상해본 적이 있는가?

실제로는 돈에 대해서 아무것도 모른다고 생각되는 어린아이와 젖먹이라도 부모의 대화에서 돈에 대한 다양한 이미지를 받아들여 일종의 신념을 형성한다.

2

안심과 자유를 만들어내는
돈의 교육

여덟 가지 질문에 답을 해보고 어떤 생각이 들었는가? 혹시 돈의 교육력이 부족하다고 생각한 사람이 있다면 걱정할 필요 없다. 우선은 현재 상황을 파악한 것만으로도 한 걸음 나아간 것이다. 이제 사랑하는 자녀에게 안심과 자유가 있는 미래를 준비해주기 위해서 이 책을 최대한 활용하기를 바란다.

이 책은 크게 3부로 구성된다.

1장에서는 지금까지는 거의 이뤄지지 않았던 돈의 교육의 중요성에 대해 시대 배경을 포함한 나의 지론을 전달한다.

2장부터 4장까지는 돈의 교육에 대해 낱낱이 살펴보는 이른바

각론이다. 2장은 돈의 신념을 갖추는 법, 3장은 돈의 구조를 파악하는 법, 4장은 돈의 역사를 파악하는 법에 관하여 자녀와 함께 읽고 이해하기 쉽게 해설해나간다. 5장은 각 가정에서 할 수 있는 돈의 교육 실전편이다. 미취학 아동, 초등학생, 중학생, 고등학생 등 자녀의 연령별로 구체적인 교육 방법에 대해 소개한다.

돈의 교육이 중요한 이유를 포함하여 모든 내용을 알고 싶다면 이대로 계속 읽어가길 바란다. 돈의 교육이 중요한 이유를 잘 알고 있다면 2장부터, 돈의 교육이 중요한 이유도 알고, 또한 투자 경험 등도 있어서 돈에 대한 마인드는 이미 갖추고 있다고 생각된다면 3장부터 읽기를 바란다. 혹은 당장 눈앞에 있는 자녀에게 어떻게 가르칠 것인지 실전 사례를 알고 싶다면 5장부터 읽으면 좋을 것이다.

자신이 필요하다고 생각하는 정보를 필요한 만큼 자신의 속도로 읽는 것을 추천한다.

우리에게 부족한
'돈의 지식'

FINANCIAL LITERACY IS EVERYTHING

1장의 Summary

🐷 가정에서도 학교에서도
   돈에 대해 배울 기회가 없다.

🐷 돈이란 문제를 해결하고 받는 대가이다.

🐷 돈을 배우면 호기심과 탐구심이 자란다.

🐷 돈의 교육은 최고의 능동 학습이다.

열심히 공부하고 열심히 일해도 돈은 모을 수 없다

얼마 전 아들이 학교 선생님으로부터 열심히 공부하고, 또 열심히 일하지 않으면 돈을 벌 수 없다는 말을 들었다고 한다. 나는 평소에 아들에게 돈을 많이 벌고 싶으면 다른 사람들을 행복하게 해주면 된다고 가르쳐왔기 때문에 아들은 선생님의 말씀에 조금 의문을 가진 모양이었다.

애초에 돈이란 무엇일까?

지갑에 들어 있는 지폐는 대체 어떤 물건일까?

사실 돈이란 가치를 담는 그릇과 같다. 그렇다면 가치는 무엇일까? 가치란 누군가의 문제를 해결한 것에 대해 지불하는 대가이며 보수이다. 다시 말해 더 많은 사람의 더 큰 문제를 해결하면 많은 가치를 얻을 수 있다. 그 가치가 보존된 것이 돈의 정체다.

내가 많은 사람을 행복하게 해주면 된다고 아들에게도 이야기하는 이유는 이것을 가르치기 위해서다. 동시에 가치(돈)를 그대로 사용해버리지 않고 그 일부를 사용하여 돈을 늘리는 법도 가르치고 있다. 나아가 신용(무척 중요한 개념이다)을 사용하여 빌린 돈으로 돈을 더 늘리는 구조에 대해서도 일상생활 속에서 때때로 이야기하고 있다.

아이들에게 제대로 가르치고 싶은 부분은 돈은 열심히 일하는 것만으로 벌 수 없다는 사실이다. 오해가 없도록 말해두자면 아이들의 인격과 사고의 성장에 큰 영향을 주는 학교 선생님께 나는 마음 깊이 감사하는 마음과 존경심을 갖고 있다. 선생님이란 위대한 직업이다. 그렇기 때문에 앞에서 이야기했듯이 열심히 공부하고 열심히 일하지 않으면 돈을 벌 수 없다고 대답한 선생님을 비판할 생각은 추호도 없다. 다만 선생님을 포함한 어른들이 돈의 정체와 돈이 생겨나는 구조에 대해서 충분한 지식을 갖고 있지 않다는 것은 자명한 사실이다. 이는 어쩔 수 없는 일이다. 왜냐하면 선생님도, 또 그 선생님의 선생님도 지금까지 한 번도 돈에 대해서 배운 적이 없었기 때문이다. 학교뿐만 아니라 돈에 관련된 올바른 지식을 가지고 이해하기 쉽게 가르칠 수 있는 어른은 거의 없다. 현실적으로 돈에 대해 배우는 장소가 어디에도 없다. 그렇기 때문에 선생님뿐만

그림 1-1 돈이란 문제 해결의 대가

아니라 많은 부모들이 아이들에게 돈을 버는 법에 대해서 앞의 선생님과 비슷한 답을 한다.

하지만 나는 선생님은 물론, 모든 어른들에게 돈의 지식이 충분하다면 교육이 더욱 풍요로워져서 아이들에게 좋은 영향을 줄 수 있을 것이라는 희망을 가지고 있다.

💵 지식의 양보다는,
대화를 통해 깊이 생각하는 힘을 키우는 교육으로

나는 아들이 학교에서 돌아오면 항상 오늘은 어떤 질문을 했는지 묻는다. 질문을 하고, 선생님과 학생 혹은 학생들 간에 대화를 통해 모르는 것이나 이해가 되지 않았던 것을 찾아내서 해결해가는 것이 무언가를 배울 때 꼭 필요하기 때문이다.

그런 이유로 아들에게는 모르는 문제를 찾아서 그 답을 찾기 위해 여러 가지 질문을 하는 것이 좋다고 항상 말하고 있다. 학교는 단순히 몰랐던 지식을 머릿속에 주입하는 장소가 아니라 배우는 방법을 배우기 위한 곳이라고 생각하기 때문이다. 지금까지의 교육에서는 '무엇을 배우는가'라는 지식과 기술의 습득에 무게를 두었다.

하지만 최근 교육 개혁의 바람이 불기 시작했다. 새로운 개혁 중에 특히 주목받는 것이 능동 학습, 일명 '액티브 러닝'이라고 불리는 학습 방법이다. 대학에서 시작하여 최근에는 고등학교, 중학교, 초등학교 교육에까지 확대되고 있기 때문에 알고 있는 분들도 있을 것이다.

교과서의 틀에 갇혀 있기보다 학생이 주체가 되어 학생들끼리 팀을 이룬 뒤 의견을 나누거나 조사를 하면서 문제 해결을 탐색해가는 학습 방법이다. 스스로 생각하여 이해하는 것의 중요성을 인식하고, 풀리지 않는 문제에 몰두하는 능력과 기술을 키우자는 움직임이 나타나기 시작한 것이다.

💵 교육 개혁이 진행되어도
돈의 교육은 여전히 제자리

액티브 러닝 같은 학습 방법이 확산되는 일은 무척 좋은 현상이지만 여전히 부족하다. 돈에 대해 배울 기회가 늘어나지는 않았기 때문이다.

돈이란 무엇인가?

돈은 어디에서 오는 걸까?

빚을 지면 어떻게 될까?

왜 빈부 격차가 생길까?

액티브 러닝을 통해 이런 주제의 교육을 하는 곳이 많아져야 한다. 돈에 대해 배우면 아이들은 세상에 대해 관심을 갖게 되고, 이를 통해 늘 '왜?', '어째서?'라는 질문을 던짐으로써 호기심과 탐구심 그리고 분석력과 생각하는 능력을 키워갈 수 있기 때문이다.

돈에 대해 이해하는 것이 세상의 구조를 아는 가장 현실적인 방법이다. 그리고 이것은 안심과 자유가 있는 인생을 살아가기 위해서 가장 든든한 기술이 된다.

안심과 자유, 두 가지를 모두 얻기 위해서는 돈의 지식을 익힐 필요가 있다. 이 세상의 다양한 상황에 관계하는 돈이란 무엇이며 어디에서 생겨나 어디로 사라지는지를 아이들에게 확실히 가르치는 것이 안심과 자유가 있는 인생을 보내기 위해 가장 중요한 일이다.

나는 돈의 교육이 현실 세계와 관계를 맺으면서 배워가는 가장 좋은 교육이고 교육의 전부라고 강력하게 확신하고 있다.

2

돈이란
가치를 담는 그릇이다

돈의 교육이 전부인 이유

내가 돈의 교육이 교육의 전부라고 확신하는 이유는 실제로 돈의 교육을 하면 세상의 다양한 것을 이해할 수 있게 되기 때문이다.

앞에서 이야기한 대로 돈이란 가치를 담는 그릇과 같다. 가치란 누군가의 문제를 어떻게 해결했는가에 대해 지불하는 대가이고 보수라고 했다.

회사원이라면 상사가 주말까지 하라고 지시한 프레젠테이션 자료를 작성해서 보수를 얻는다. 미용실이라면 머리를 바꾸고 싶은

그림 1-2 돈은 세상의 다양한 상황에서 등장한다

사람에게 마음에 드는 헤어스타일을 제공하여 요금을 받는다. 온라인 쇼핑몰에서 물건을 사면 필요한 물건을 바로 배송해준다. 자동차 회사는 이동과 운송에 필요한 자동차를 제조하여 판매한다.

이렇게 물건과 서비스를 제공하는 사람과 가게와 기업은 어떤 해결해야 할 문제를 안고 있는 사람에게 가치를 제공한다. 이렇게 누군가의 문제를 해결해주는 것으로 돈(수입)은 만들어진다.

세상의 모든 사람이 어떤 문제를 안고 있고, 그것을 해결하길 바란다. 그리고 그 문제를 해결해주는 사람과 가게와 기업에 돈을 지불한다.

다시 말해 돈은 세상의 다양한 상황에 개입하고 있다. 따라서 돈의 교육을 한다는 것은 세상의 모든 것과 이어진다고 말할 수 있다. 요약하자면 세상의 모든 것을 배운다고 해도 과언이 아니다. 이런 이유로 돈의 교육이 교육의 전부이다.

💵 '금전' 교육뿐만 아니라 '금융' 교육도 해야 한다

돈의 교육이라고 하면 어떤 내용이 떠오르는가?

돈을 세는 방법, 물건을 사는 방법, 용돈 사용 방법, 저축의 중요성을 알려주는 것이라고 생각할지도 모른다. 하지만 그것만으로는 충분하지 않다.

'잡은 물고기를 주지 말고 물고기 잡는 방법을 가르쳐라'라는 유명한 말이 있다. 출처에 대한 설은 다양해서 노자가 한 말이라는 설이 있는가 하면 부자가 많다고 알려진 유대인의 가르침이라는 설도 있다. 출처가 어디든 간에 교육의 가장 중요한 요소를 알려주는 말이다. 실제로 내가 지금까지 만나온 리치 마인드를 갖춘 부모가 아이들에게 알려준 교육도 바로 물고기를 잡는 방법을 가르치는 교육이었다.

부모에게 받은 돈을 다 써버린다면 아이는 허망하게 돈을 잃게 된다. 또한 부모가 가르쳐준 대로 저축을 해도 인플레이션이 일어나면 돈의 가치는 점점 떨어진다. 다시 말해 아무리 돈을 주거나 저축의 소중함을 알려줘도 그것만으로는 아이를 위한 교육이 되지 않는다. 더 중요한 것은 어떻게 하면 가지고 있는 돈을 사용하여 돈을 더 늘려갈 수 있을지에 대한, 물고기를 잡는 법을 가르치는 교육이다.

이것이 진정한 돈의 교육이다.

단순히 돈을 늘리는 투자 방법을 가르치는 것뿐만 아니라 사회 안에서 돈이 어떻게 움직이는가, 즉 경제의 구조와 돈을 만들어내는 일의 방식, 그리고 일의 선택 방법이라는 커리어 교육까지도 포함된다.

대학교 3학년이 되어서야 갑자기 경제 신문을 읽기 시작하는 대학생도 많은데, 그렇게 벼락치기로 기업을 연구한다고 해도 자신에게 맞는 회사를 찾기는 어렵다. 어릴 적부터 돈의 교육을 한다면 그렇게 벼락치기 공부를 할 필요가 없다. 어떤 기업에서 어떤 기술을 익히고 싶은지 훨씬 이전부터 자연스럽게 생각하게 되기 때문이다.

이 모든 것을 포함하여 계속해서 배우는 자세를 익히는 것이 진정한 돈의 교육이 아닐까.

💵 미래에는 많은 직업이 사라진다!

아이들이 다양한 직업을 체험해볼 수 있는 키자니아라는 테마파크가 있다. 일찍부터 세상의 다양한 일을 알아두는 것은 가치가 있기에 많은 부모들이 자녀와 함께 방문한다. 우리 집 아이들도 무척 좋아하는 곳이다.

그런데 키자니아에서 체험할 수 있는 직업, 즉 지금 존재하는 많은 직업이 10년 후에는 사라진다고 한다. 10년 후라면 당장 지금의 초등학생, 중학생인 아이들이 사회에 나갈 무렵이다.

현재의 많은 직업들이 앞으로 사라지거나 형태가 바뀔 가능성이 있는 직업으로 분류된다. 어린 시절에 직업 체험을 해서 흥미를 가졌던 직업이 막상 취업을 해야 할 시기가 되면 사라지고 없는 현실이 기다릴지도 모른다는 얘기다. 미래의 시뮬레이션을 위한 직업 체험이 아닌 옛날에 있었던 직업 체험이 되어버릴 수도 있다.

세계적인 회계 컨설팅 그룹인 프라이스워터하우스쿠퍼스Pricewater houseCoopers, 즉 PwC가 2017년에 분석 발표한 보고서에 따르면 15년 이내에(2032년까지) 기계화에 따라 자동화될 직업의 비율이 미국에서 38퍼센트, 독일에서 35퍼센트, 영국에서 30퍼센트, 그리고 일본에서는 21퍼센트에 이른다고 한다. 다시 말해 2030년 무렵에는 최소한 20~30퍼센트의 일이 기계화 자동화되고, 인간의 손에서 멀어진다고 예상할 수 있다. 일부에서는 이 수치를 훨씬 뛰어넘은 약 절반이상의 일이 기계 등으로 대체되어 많은 사람이 직업을 잃게 될 것이라는 무서운 예측을 하기도 한다. 그 배경에는 인간을 대신하는 AI 기술과 새로운 설비에 많은 투자가 투입되고 있기 때문이다.

10년~15년 후 많은 아이들이 어떤 직업을 갖게 되더라도 안심과 자유가 있는 인생을 누리기 위해서는 일하는 방식이 중요하다. 그렇다면 어떤 방식을 선택하는 것이 좋을까.

3

안심과 자유를 얻기 위한
일의 방식과 돈을 모으는 방식

안심과 자유를 손에 넣는 일의 방식이란?

일하는 방식에 대해서 가르치는 것은 돈의 교육 중에서도 중요한 부분이다. 현재 교육에서는 세상에 어떤 형태의 일하는 방식들이 있는지 배울 기회가 거의 없다. 단순히 어떤 직종이 있는지뿐만 아니라 그 직종에서 일하며 어떤 구조로 돈을 얻을 수 있는가 하는 부분까지 가르칠 필요가 있다.

여기에서는 안심과 자유를 얻기 위한 일의 방식과 돈을 버는 방식에 대해 이야기하려고 한다.

『부자 아빠 가난한 아빠』 시리즈의 저자로 알려진 기업가 로버트 기요사키는『부자 아빠 가난한 아빠 2 : '현금흐름 사분면'과 돈을 관리하는 7가지 방법』에서 세상의 일하는 방식을 사분면으로 구분한다. (그림 1-3 참조)

앞으로 1장에서는 현금흐름 사분면을 참조하며 내가 독자적으로 생각한 안심과 자유를 얻을 수 있는 일하는 방식에 대해 이야기하려고 한다. 자녀의 미래를 상상하면서 읽어나가길 바란다.

우선 회사에 고용된 피고용인 E employee는 성실하게 묵묵히 일해서 돈을 버는 사람들이다. 다음으로 S self-employed는 직역하면 '자신이 자신을 고용하는 사람'이라는 의미로 일반적으로는 자영업자나 기업가를 가리킨다. 세 번째는 비즈니스 자리를 제공하는 사람인 B business owner, 그리고 네 번째가 I investor 투자자이다.

이 중에서 사분면의 왼쪽에 있는 E와 S는 노동 수입, 즉 노동의 대가로 일시적으로 생기는 수입을 얻는다. 반면 오른쪽에 있는 B와 I는 자본 수입, 즉 자본이 만들어주는 지속적인 수입을 얻는다. 수입을 얻는 유형은 이렇게 크게 두 가지로 나눌 수 있다.

E와 S는 자신의 시간을 들여 타인의 문제를 해결해주고 돈을 버는 사람들이다. 다시 말해 노동을 제공한 대가로 수입을 얻는다. 노동을 하지 않는 한 수입을 얻을 수 없기 때문에 회사와 일에 얽매여 자유가 없는 인생을 걷게 된다.

반면 B는 다른 사람과 회사가 일을 하도록 경영하여 수입을 얻

그림 1-3 돈을 벌기 위한 '네 종류의 일하는 방식'

는 사람이다. 다시 말하면 다른 사람과 회사의 문제를 해결해주는 사람이다. 그리고 I는 부동산 등에 투자를 해서 자본 수입을 얻는 사람들이다. 사람들의 문제를 해결하는 회사에 자신의 돈을 투자하는 방식으로 문제 해결에 도움을 준다. 이 유형은 자신이 노동을 하지 않고도 수입이 들어오는 안심이 있고 거기에 더해 시간적으로도 여유가 있기 때문에 자유도 있는 인생을 보낼 수 있다.

나는 자신의 시간을 투자하여 수입을 얻는 E와 S는 푸어 마인드를, 비즈니스와 돈을 움직여 수입을 얻는 B와 I는 리치 마인드를 갖고 있다고 보았다.

이는 E와 S의 일하는 방식이 나쁘다는 의미가 아니다. 문제는 자신의 시간과 노력을 들여 일하는 방식만 가치 있다고 생각하게 만드는 교육에 있다. B와 I의 방식이 사회에도 개인에게도 중요하고 유익하다는 것을 학교도 부모도 가르쳐주지 않는 것이 문제다. B와 I의 방식 중 B의 비즈니스 오너가 되기 위해서는 넘어야 할 벽이 상당히 높다. 오히려 누구나 할 수 있는 방식은 I이며 그 교육을 가능한 한 빠른 단계에서부터 해둬야만 한다.

주식 등의 금융 상품과 부동산에 투자하는 것은 B의 방식에 비해 넘어야 할 벽이 상당히 낮고, 적절한 지식을 가지고 있으면 누구나 할 수 있다.

이렇게 I는 가벼운 형태로 자본 수입을 얻을 수 있기 때문에 안심과 자유가 있는 인생이 가능하다. 게다가 E와 S의 형태로 일을 하면서 I로 자본 수입을 얻을 수도 있다. I는 세상의 문제를 해결하기 위해 E와 S처럼 자신의 시간뿐만 아니라 자신이 지금까지 축적한 돈도 제공한다. 자신의 시간(인생의 일부분)을 투자하여 축적한 소중한 돈을 타인이나 기업에 제공하여 혼자서는 감당하기 힘든 커다란 문제를 해결하는 데 공헌하는 것이다.

한편으로 I는 자신이 제공한 소중한 돈이 감소할 수도 있다. 하지만 이런 리스크를 감수하며 사회의 발전에 공헌하고 있다. 그리고 이 I라는 일하는 방식, 돈을 버는 방식을 고르는 것이야말로 안심과 자유를 얻기 위해 절대적으로 필요하다.

아이들에게는 I의 방식에 대한 교육이 우선시되어야 한다.

그림 1-4 미안 사미가 생각하는 네 종류의 일하는 방식과 돈을 버는 방식

4

지금 상황이 지속된다면
소득 격차는 커지기만 할 것이다

▣ I는 더욱 부유해지고 E는 더욱 가난해진다

전 세계에서 30개 언어로 번역되어 220만 부 이상 판매된 베스트셀러 『21세기 자본』의 저자 토마 피케티(파리경제대학 교수)는 노동으로 얻을 수 있는 수입보다 자본으로 얻을 수 있는 수입이 지금까지도 높았지만 앞으로 더욱 높아질 것이라고 말한다. 그는 이런 현상에 따라 격차도 계속 벌어질 것을 심각하게 우려하고 있다.

돈을 많이 가지고 있는 사람은 그것을 종잣돈 삼아 투자를 하고, 투자 수입을 얻어 자산을 더욱 늘린다. 그리고 늘어난 자산을 다시

●기술 혁신으로 노동자는 점점 일을 빼앗긴다

기술 혁신

회계 소프트웨어

자율 주행

경리사무원

버스 운전기사

최신 기술에
투자하여 돈을 번다

부유층

자본 증가 UP

로봇으로
대체된다

평균 노동자

노동자 수입 감소 DOWN

기술 혁신에 따른 격차가 점점 더 커진다

출처 《주간 현대》 2015년 2월 21일자

그림 1-5 가진 사람은 더욱 풍요로워지고 가지지 못한 사람은 더욱 가난해진다

투자하는 식으로 선순환이 일어난다. 게다가 어떤 경제 상황에서도 그때마다 최적의 금융 자산은 존재한다.

반면 가난한 사람들은 경제의 파도에 휩쓸리면서 노동 수입으로 얻는 적은 급여만으로 어떻게든 생활을 해야 한다. 그리고 얼마 안 되는 현금을 금리가 적은 예금으로 돌린다. 그런데 그 예금의 가치조차도 인플레이션으로 인해 줄어든다. 게다가 적은 수입의 일부를 예금으로 돌린 결과 사용할 수 있는 돈(가처분 소득)이 줄어들기 때문에 더욱 생활이 어려워진다. 설상가상으로 기술 혁신이 진행되면서 노동자가 가지고 가던 수입이 그 기계의 소유자인 I로 옮겨가게 되면서 이들은 더 큰 타격을 입게 된다.

🔘 우수한 E 인재를 양산하는 교육

지금까지의 교육은 가능한 한 좋은 성적을 얻어 좋은 학교에 들어가 좋은 기업에 취업하는 것이 최고라고 여겨왔다. 이것은 우수한 E의 인재를 키우기 위한 교육이다. 이런 사고방식은 지금도 뿌리 깊이 자리 잡고 있어, 일하는 방식이 다양해졌음에도 여전히 많은 부모가 명문 학교와 대기업이라는 길을 따라 살아가야 한다는 믿음에서 벗어나지 못하고 있다.

기존의 교육관을 고집하면서 E의 교육에만 노력을 기울이는 가정과 학교가 여전히 대부분이다. 하지만 학교의 성적표는 좋은 대학과 기업에 들어가기 위해서는 유효하지만 I의 일하는 방식을 배우는 데는 전혀 도움이 되지 않는다.

🔘 모든 아이들에게 필요한 것은 I의 교육

I의 마인드를 기르기 위한 교육은 E와는 정반대다.

I는 사회에 새로운 가치를 제공하고자 하는 기업, 다시 말해 B를 발견하여 그 기업의 가능성에 투자를 한다. B와 I가 힘을 합쳐 사회가 더 좋은 방향으로 발전해가게 된다.

아이들이 어떤 직업을 가지게 될지 예상할 수는 없지만 I의 리치 마인드를 가지고 있는가, 가지고 있지 않은가의 여부가 미래의 안심과 자유를 결정하는 데 큰 요소가 된다는 것은 틀림없다. 실제로 사회에 나와 일하기 시작하는 시점에서는 E에서 시작하는 것이 일반적이다. 나도 대학을 졸업한 후 증권회사의 회사원으로 시작했다.

다만 나는 거의 대부분의 사람이 자신의 시간을 투자해서 일하는 E의 방식이 전부라고 생각하여 I로 이어지는 발판을 잃어버릴까 우려된다. 안타깝게도 많은 사람이 이렇게 E의 방식에 사로잡힌 채 매일 일을 하고 거기에서 벗어난다는 것을 생각조차 못하는 것이 현실이다.

여기에서 중요한 것은 E와 S의 일하는 방식을 선택한 경우에도 I의 리치 마인드를 가질 수 있는지 여부다. 그것을 위한 교육이 학교에서도, 가정에서도 이루어져야 한다.

💵 초등학교에서 주식에 대해 가르치는 여러 나라들

금융 대국 미국이나 영국에서는 초등학교부터 주식을 비롯한 투자에 대해 가르친다. 영국은 2014년 교육부 주도하에 투자 교육을 학교 교육에 도입하기도 했다. 이런 나라에서는 어렸을 때부터 돈의 지식을 갖추는 것이 바람직하다고 생각하여 많은 가정에서 자녀에게 투자를 가르치고 실제로 주식 투자를 하는 자녀도 있다.

반면 일본의 경우는 2016년에 금융홍보중앙위원회가 시행한 '금융 리터러시 조사'에 따르면 영국과 독일에 비해 금융 리터러시에 관한 공통 문제의 정답률이 10퍼센트나 낮았다. 특히 18~34세 젊은 세대의 정답률이 낮은 사실을 확인할 수 있다. 금융 리터러시라는 말은 이 책에서 계속 소개하고 있는 파이낸셜 리터러시와 거의 같은 말이다.

또한 학교와 같은 교육 기관에서 금융 교육을 받은 사람의 비율은 6.6퍼센트로 미국의 3분의 1 수준으로 낮은 결과가 나왔다. 또한 20세나 30세가 되어도 투자를 경험한 적이 없는 사람이 압도적으로 많다는 사실 역시 알 수 있다.

내가 주최하고 있는 돈에 대해 공부하는 모임에는 도쿄대학 등의 고학력을 갖추고도 E와 S에 속하면서 자녀를 키우고 있는 세대가 많다. 그 사람들이 입을 모아 하는 말은 I의 마인드를 갖추는 것이 중요하다는 사실을 머리로는 알고 있지만 행동으로 옮기기가 어렵다는 것이다.

어렸을 때부터 I의 마인드로 키우지 않으면 E와 S의 푸어 마인드에서 벗어나기 위해 더 많은 수고와 노력이 필요하다는 것을 알 수 있다. 이 사실을 깨달은 사람들은 한결같이 가능한 한 일찍 자녀에게 돈의 교육을 시키고 싶다고 말한다.

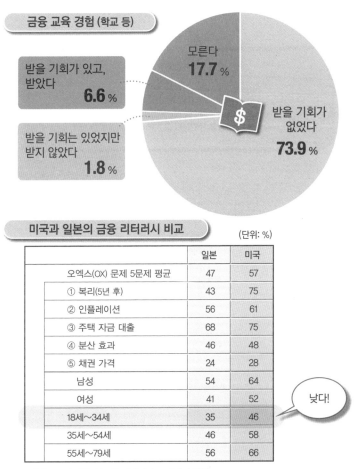

금융 교육 경험 (학교 등)

받을 기회가 있고, 받았다 **6.6**%

받을 기회는 있었지만 받지 않았다 **1.8**%

모른다 **17.7**%

받을 기회가 없었다 **73.9**%

미국과 일본의 금융 리터러시 비교 (단위: %)

	일본	미국
오엑스(OX) 문제 5문제 평균	47	57
① 복리(5년 후)	43	75
② 인플레이션	56	61
③ 주택 자금 대출	68	75
④ 분산 효과	46	48
⑤ 채권 가격	24	28
남성	54	64
여성	41	52
18세~34세	35	46
35세~54세	46	58
55세~79세	56	66

낮다!

출처 금융홍보중앙위원회 '금융 리터러시 조사'에서 발췌

표 1-1 금융 교육의 경험 : 미국과 일본의 금융 리터러시 비교

5

최대의 성과를 얻기 위한
최소의 노력이란 무엇인가?

📋 파레토 법칙과 돈의 교육

파레토 법칙은 1986년에 이탈리아 경제학자인 빌프레도 파레토가 제창한 법칙이다. 전체 경제 활동의 대부분에 해당하는 80퍼센트를 일부인 20퍼센트의 요소가 만들어낸다는 법칙으로, '80:20의 법칙'이라고도 불린다. 원래는 상위 20퍼센트의 고객이 매출의 80퍼센트를 창출한다는 의미에서 시작되었다. 현재는 매출의 80퍼센트는 전 직원 중 20퍼센트가 창출한다는 식으로 비즈니스 분야뿐만 아니라 교과서에 나오는 내용의 20퍼센트를 기억하면 시험에서 80퍼센트 이상을 맞힐 수 있다거나 사물 본질의 80퍼센트는 20퍼센트를 보면 알 수 있다는 등 다양한 상황에서 이 사고방식이 활용된다.

나는 이 파레토 법칙이 교육에도 적용될 수 있다고 보고 있다. 다시 말해 교육에 필요한 전체의 요소 중 20퍼센트를 돈의 교육으로 구성한다면 그것이 교육 전체 성과의 80퍼센트를 달성할 수 있다는 것이다.

참고로 앞에서 이야기했듯이 내가 생각하는 교육의 전체 성과는 아이에게 리치 마인드를 만들어주는 것이다. 많은 부모가 다양한 교육 교재를 사거나 여러 가지 사고를 바탕으로 하는 유아 교육을 도입하고, 때로는 좋은 학교를 선택하기 위해 애를 쓰며, 입시에 엄청난 시간과 돈을 쏟는다. 그 노력과 비용은 상당하다. 하지만 아무리 노력을 해도 그 노력의 방식이 기존의 교육 방법 그대로라면 아이의 미래에 대해 안심할 정도의 성과를 내기는 힘들다.

대부분의 아이들에게 매월 생활비를 벌기도 버거운 E(피고용인)나, 혹은 많은 책임과 리스크를 떠안은 채 365일 쉬지 못하고 일하는 S(개인 사업주)의 미래가 기다리고 있다는 것이 현실이다. 그렇게 많은 노력을 들이지 않으면서도 더욱 확실하게 아이들에게 안심과 자유가 있는 인생을 보내기 위한 교육을 실시할 방법이 있는데도 말이다.

그것은 다름 아닌 노력의 20퍼센트를 돈의 교육에 주력하는 방법이다. 지금 들이고 있는 교육비의 20퍼센트, 혹은 사용하는 시간의 20퍼

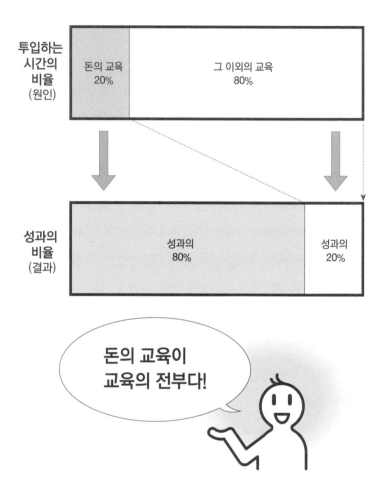

그림 1-6 돈의 교육과 파레토 법칙

센트를 돈의 교육에 쓰는 것이다. 이런 새로운 마음가짐으로 앞으로의 교육을 생각해보면 어떨까.

파이낸셜 리터러시의 80 : 20 법칙

돈의 교육을 시작하려고 생각은 하지만 어디서부터 시작하면 좋을지 모르겠다는 것이 많은 부모가 안고 있는 솔직한 심정이다. 계산도 서투른 데다 경제에는 어둡다거나, 혹은 투자에 관심은 있지만 손실이 날까 무서워 아이들에게는 겨우 용돈 사용법 정도만 가르치고 있는 독자도 있을 것이다.

이렇게 자신 없는 목소리가 많은 것은 당연하다. 돈의 교육, 다시 말해 파이낸셜 리터러시를 아이들에게 가르치려고 해도 관련된 정보가 너무 많아서 어디서부터 손을 대야 좋을지 알 수가 없기 때문이다. 이런 고민을 해결하기 위해 아이들이 배워야 하는 파이낸셜 리터러시 중에서도 가장 중요한 부분을 정리하고자 한다.

여기서 말하는 가장 중요한 부분은 마인드, 돈의 구조, 돈의 역사세 가지다.

이 세 가지는 돈의 지식 중 20퍼센트에 지나지 않지만 파이낸셜 리터러시와 관련하여 80퍼센트의 효과를 낼 수 있다. 왜냐하면 이 20퍼센트만 잘 알아두면 충분할 정도로 마인드, 돈의 구조, 돈의

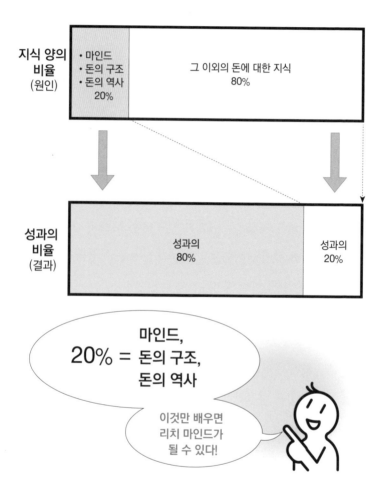

그림 1-7 파이낸셜 리터러시와 파레토 법칙

역사 이 세 가지가 중요하기 때문이다.

💵 돈을 위에서 내려다보는 눈을 키운다

어째서 마인드, 돈의 구조, 돈의 역사 이 세 가지가 가장 중요한 가에 대해 나의 경험을 토대로 이야기해보겠다.

일본에서 태어나 자란 나는 일본 국제학교를 졸업한 후 미국 대학에 진학했다. 졸업 후에 증권 회사에 들어갔는데, 금융 업계를 선택한 이유는 여러 기업에 대해서 조사한 결과 가장 급여가 높은 곳이었기 때문이다. 다시 말해 나는 부자가 되기 위해서는 최대한 높은 급여를 받을 수 있는 회사에 들어가는 것이 가장 좋은 방법이라고 생각했다.

이것이 나의 일하는 방식 E의 시작이다. 나의 일은 고객으로부터 거액의 돈을 맡아, 그 돈을 운용하고 관리하는 것이었다. 한때는 일본 엔화로 6,000억 엔이 넘는 거액의 자산 운용을 맡기도 했다.

증권 회사의 급여는 높은 편으로 초임 연봉이 약 800만 엔 이상이다. 나의 운용 실적도 좋았기 때문에 매년 급여는 두 배씩 증가했다. 드디어 연봉 1억 엔이 넘었을 무렵에는 스스로 대단하다는 생각에 자만이 하늘을 찌를 듯했다. 금융 업계에서 젊은 나이에 억 단위의 돈을 벌던 그 무렵의 나는 부자가 되었다고 생각했다.

하지만 그렇게 많은 돈이 나름 아껴 쓰면서 살았는데도 어째서인지 순식간에 사라져갔다. 그래도 다시 열심히 일하면 수입을 얻을 수 있었다. 요약하자면 열심히 일하면 돈이 들어온다는 약간의 안심이 내 안에 있었던 것이다.

하지만 매일 필사적으로 책상 앞에 붙어 앉아 네 개의 컴퓨터를 사용하여 신경이 날카로워질 정도로 일을 계속하다 보니 차츰 피폐해지기 시작했다. 돈을 벌기 위해 필사적으로 일했지만 자유는 없었다. 다시 말해 나는 아무리 높은 급여를 받아도 푸어 마인드의 E였던 것이다.

몸과 마음이 모두 피폐해진 나는 자본 수입을 얻으면 되겠다는 결론에 이르러 입사한 지 3~4년이 지난 2005년 무렵부터 투자를 시작하게 되었다. 이전까지 많은 돈을 운용해왔기 때문에 직접 투자도 성공할 수 있다고 자신만만했다. 게다가 2005년부터 2007년에는 경제지수가 점점 상승하는 좋은 시기였다.

다양한 투자에 손을 대며 2007년에는 도쿄에 있는 당시 가격으로 2억 4,000만 엔 정도 하는 100제곱미터 크기의 아파트를 구입했다. 계약금은 5,000만 엔을 내고 나머지는 주택 자금 대출을 받았다. 거기에 더해 모로코, 카리브해, 프랑스 등 해외 리조트의 부동산도 구입했다. 그 동기는 지극히 단순했다. 평소에는 다른 사람에게 빌려주고 내가 쉬고 싶을 때 가서 지내며 놀 수 있으니 일석이조라고 생각했기 때문이었다. 다시 말해 자유를 손에 넣고 싶었다.

그런데 곧 인생이 추락하는 경험을 하게 된다.

다음 해인 2008년에 리먼 쇼크 사태가 일어나 소유하고 있던 해외 부동산의 가치는 거의 제로에 가까워졌다. 그 외의 FX나 주식도 폭락하여 순식간에 수억 엔의 자산을 잃어버렸다. 한순간에 수중에 돈이 사라지고 파산 직전까지 내몰렸다. 게다가 그때 나는 회사를 그만두고 사업을 막 시작한 때였다. 안정된 수입이 없는 탓에 자금 융통이 어려워져 폐업 위기에 몰렸다. 하지만 나는 결혼한 지얼마 되지 않은 데다 아내는 임신 중이었다. 곧 아이가 태어날 상황에서 파산 직전이 되었으니 차마 눈 뜨고 볼 수 없는 상황이었다. 거기에 더해 결정타를 날리듯이 아버지가 암 진단을 받았다는 소식까지 날아들었다.

자유를 지나치게 추구한 나머지 안심하며 살아가기 위한 돈도 사라졌다. 힘든 일들이 한순간에 일어나 나는 몸도 마음도 다시 일어나지 못할 정도의 충격을 받았다.

부족했던 것은 돈의 지식이었다

밑바닥으로 곤두박질친 상황을 경험한 후 두 번 다시는 이렇게 큰 실수를 하지 않겠다고 다짐했다. 안심과 자유가 있는 인생을 얻기 위해서는 파이낸셜 리터러시를 익히는 것이 필요하다고 느꼈던 것이다.

나를 다시 돌아보고 돈에 대해 새롭게 공부한 결과 지금까지 충분하다고 자신만만했던 파이낸셜 리터러시 중에서도 크게 부족한 부분을 발견했다. 그것은 바로 돈을 위에서 내려다보는 시점이었다.

파이낸셜 리터러시를 갖춘 상태란 '수많은 돈에 관련된 정보 중에서 자신에게 필요한 정보를 골라내고 적절하게 판단하여 행동하기 위해 활용할 수 있는 상태'를 가리킨다. 모조리 실패했을 무렵의 나는 자신에게 필요한 정보가 아닌 다른 사람이 성공한 정보를 토대로 판단하여 투자를 했던 것이다.

사람에 따라 가지고 있는 자산은 물론 지불해야 할 세금이나 수입과 지출의 금액도 다르다. 그런 것들을 고려하지 않고 단순히 돈을 벌 수 있을 것 같다고 생각하여 금융 상품과 부동산에 투자를 하면 좋은 결과를 얻을 리 없다.

따라서 정말로 흉내 내어야 할 점은 리치 마인드의 사람들이 가지고 있는, 돈을 위에서 내려다보는 시점이었다. 다시 말해 어떤 근거로 투자 상품을 정하고 투자 타이밍을 가려내는지의 안목을 키워야 한다는 것이다. 그 시점을 어떻게 하면 가질 수 있을까 나름대로 생각하고 연구하면서 알아낸 것은 돈을 만들어내는 마인드를 갖출 것, 돈의 구조를 이해할 것, 그리고 돈의 역사를 알아둘 것, 이 세 가지였다. 만약 내가 이 세 가지를 갖추고 있었다면 그렇게 뼈아픈 실패는 경험하지 않았을 것이다.

💵 투자의 판단 기준을 만드는 세 가지 포인트

이 세 가지 포인트를 새롭게 배운 나는 겨우 위기에서 벗어나 순조롭게 자산을 늘릴 수 있었고, 안심과 자유가 있는 인생을 얻어 사랑하는 가족과 행복한 삶을 누리게 되었다. 그리고 아이들에게도 평소에 이 세 가지 포인트를 이야기해주고 있다. 거기서 멈추지 않고 더 많은 사람이 파이낸셜 리터러시를 향상하길 바라는 마음으로 다양한 활동을 펼치고 있다.

돈에 관련된 강연회나 세미나를 진행하다 보면 "좋은 투자 상품을 가르쳐주세요", "부동산은 어떤 것을 사면 좋을까요?" 등의 질문을 자주 듣는데, 이 질문을 받을 때마다 마치 예전 나의 모습을 보는 것 같은 기분이 든다. 그리고 그런 질문에 나는 매번 이런 식으로 대답한다.

"잘 모르겠습니다."

이것은 나쁜 의미로 하는 말이 아니라, 질문을 한 분을 존중하는 한편, 정직한 마음을 담은 대답이다. 무엇에 투자할지는 그 사람의 상황에 따라 달라지기 때문에 무엇이 좋은지 내가 판단하기는 어렵다. 가령 내가 그 자리에서 구체적인 투자 종목이나 방법을 가르쳐준다고 해도 그 조언이 적절할지는 알 수 없는 것이다.

언제 무엇을 얼마나 투자할지는 자신이 결정한다. 이것이 투자의 철칙이다. 이 판단 기준을 만들기 위해서 가장 중요한 세 가지가 마인

드, 돈의 구조, 돈의 역사이다. 그리고 이것은 부모가 투자할 때에
도 자녀에게 돈의 교육을 할 때에도 똑같이 중요하다.

자녀의 미래는
'돈의 신념'으로 결정된다

FINANCIAL LITERACY IS EVERYTHING

2장의 Summary

- 🐷 돈에 대한 신념은 유아기에 형성된다.

- 🐷 돈에 대한 신념이
   사람의 감정을 만들고 행동을 결정한다.

- 🐷 부모가 가지고 있는 돈의 신념은
   아이에게도 전달된다.

- 🐷 가정 안에서 돈에 대해
   더 많이 이야기해야 한다.

- 🐷 돈에 대한 편견을 없애기 위해서
   돈을 과학적으로 파악하자.

F i n a n c i a l   E d u c a t i o n

1

부모의 돈에 대한 신념은
자녀에게 그대로 전달된다

다섯 살 아이가 그린 그림에 비친 돈의 신념

돈의 교육을 시작하기에 앞서 우선 확실하게 해두고 싶은 것은
마인드이다. 그렇다면 아이들에게 알려주고 싶은 돈의 마인드란 무
엇일까?

내가 주최하는 '파이낸스짐'이라는 돈을 공부하는 모임에 참가하
고 있는 어머니가 얼마 전에 이런 에피소드를 들려주었다. 다섯 살
이 된 아들이 열이 나서 갑작스럽게 일을 쉬어야 했던 날의 일이다.
일과 관련하여 중요한 약속이 있던 터라 자신도 모르게 "너 때문에

일을 쉽게 되었잖아"라고 불평을 했다고 한다. 그러자 아들은 쓸쓸한 표정으로 방에 들어가버렸다. 잠시 후 방에서 나온 아들이 "내가 유치원에 못 가고 엄마는 일을 못하니까 컴퓨터를 그렸어"라고 말하고는 자신이 그린 그림을 엄마에게 건넸다. 거기에는 컴퓨터와 그 주위에 흩어져 있는 동전들이 그려져 있었다. 아이의 마음속에는 엄마가 열심히 컴퓨터를 두드리는 일이 돈을 만들어내는 일이라는 개념이 잡혀 있었던 것이다.

그 그림을 보고 순간 정신이 번쩍 든 어머니는 자신의 말과 행동이 아이의 돈에 대한 신념 형성에 얼마나 큰 영향을 주는지 깨닫게 되었다고 말했다. 그리고 "일만 열심히 하느라 정말로 소중한 것을 잊고 있었어요. 아이와 함께하는 시간보다 일을 우선했습니다"라고 말한 것이 무척 인상적이었다.

그 어머니는 안정적인 생활이라는 안심을 얻기 위해 일에 몰두하여 아픈 아들과 함께 있는 자유로운 시간조차 만들기가 힘든 상태였던 것이다.

도박 중독인 아버지를 둔 다섯 살 아이

나는 현재 돈의 교육을 어른뿐만 아니라 유소년기의 아이들에게도 하고 있다. 언젠가 부모와 자녀가 함께 참가하는 세미나에서 다섯 살 된 남자아이가 무척 불안한 표정으로 "아빠가 집을 나갔는데 돌아올까요?"라고 물었다. 이 아이는 아버지가 도박 중독으로 집을 나가는 바람에 현재 어머니와 둘이서 생활하고 있다고 했다.

솔직히 나는 이 질문에 어떻게 대답해야 할지 무척 고민했다. "아빠가 돌아올지는 모르겠지만, 앞으로 돈에 대해 많이 공부해서 나중에 아빠에게 고맙다고 말하자"라고 대답하고는 아이를 꼭 안아줬다.

이 아이의 아버지는 지나치게 자유만을 추구한 나머지 아이를 불안하게 만들고 말았다. 도박 중독이라고 하면 극단적인 이야기처럼 생각될지 모르지만 돈 때문에 불행한 환경에 있는 아이들은 실제로 무척 많고, 지금도 계속 증가하고 있다. 그리고 나는 이런 환경에 있는 아이들이야말로 분명한 돈의 지식을 가지고 행복하게 살기를 간절히 바란다.

이 세미나를 기획한 사람은 그 남자아이의 어머니였다. 싱글맘이 된 자신이 앞으로 어떻게 살아갈지 진지하게 생각하던 중 아이와 함께 돈에 대해 배우고 싶어졌다고 한다. 그것이 이런 배움의 자리를 마련하게 된 계기였다.

이 아이의 아버지가 자신의 아이에게 심어준 돈의 이미지는 돈 때문에 가족이 불행해졌다는 부정적인 것이었을지도 모른다. 하지만 어머니에게는 긍정적인 자세와 강한 행동력이 있었다. 돈의 교육이 아이의 돈에 대한 신념을 올바르게 자리 잡게 하는데 도움이 되었으면 한다.

앞의 에피소드에서 보았듯이 아이는 어른의 말과 행동을 있는 그대로 흡수하고 있다. 그리고 0~6세의 유아기부터 보고 듣고 느낀 것을 통해 자신의 돈에 대한 신념을 형성한다. 그 신념의 형성은 대부분이 가정 안에서 이뤄진다. 따라서 돈에 대한 신념 형성에는 부모의 영향이 절대적이라는 것을 확실하게 기억해둬야 한다.

어리니까 돈에 대해서 모를 것이라는 생각은 경솔하다. 아이는 모든 것을 보고 확실하게 머릿속에 새기고 있기 때문이다.

2

돈에 대한 신념이
감정과 행동을 결정한다

돈의 신념은 6세까지 형성된다

인간의 뇌는 6세까지는 완전 개방 상태라고 한다. 인간은 동물 중에서도 상당히 연약한 상태로 태어나기 때문에 뇌는 모든 것을 기록하여 위험 정보를 살피거나 살아가기 위한 지혜를 받아들인다. 이렇게 완전 개방 상태일 때 보고 들은 것이 아이의 신념을 형성하는 데 크게 관여한다. 다시 말해 돈에 대한 신념도 6세까지의 성장 환경에 따른 영향으로 대부분 결정된다.

아기는 갓 태어났을 때 돈이라는 개념을 가지고 있지 않다. 뇌가 완전히 개방된 상태일 때 부모가 돈에 대해 대화를 하는 상황을 가정해보자. "쓸데없는 곳에 돈 쓰지 말라고 했잖아!", "다음 달 생활비는 확실히 보내!"와 같은 돈에 대한 대화는 아기의 뇌에 기록되어 돈이 좋은 것인지 나쁜 것인지 신념을 형성해간다.

말뿐만이 아니라 그 자리의 분위기에서도 아기는 정보를 기록한다. 주택 대출금을 갚느라 힘든 가정이라면 상환일이 가까워질 때마다 부모의 기분이 안 좋아지거나 한탄하는 소리를 듣게 된다. 그런 어두운 분위기의 가정에서 자란 아이의 뇌에는 대출은 사람을 불행하게 만드는 나쁜 것이라는 정보가 기록된다. 그리고 6세까지 녹음된 데이터가 계속 머릿속에 남아서 재생된다.

💵 신념이 행동을 일으킨다

돈에 대한 신념이 중요한 이유는 사람은 신념에 따라 행동을 하기 때문이다. 만약 대출은 무서운 것이라는 신념이 있다면 대출이라는 단어를 들을 때마다 무섭다, 나쁘다, 불행하다, 다투다, 불쾌하다 같은 이미지가 환기되어 부정적인 감정이 생기게 되고, 성인이 되어서도 대출은 불행을 가져오는 것이라는 정보만 받아들이게 된다.

결국 세상에는 대출이라는 리스크를 감수하며 돈을 늘리는 사람들이 있는데도 그런 방법은 당연히 믿을 수 없게 된다. 그리고 당연히 행동으로 옮길 수도 없게 된다. 실제로는 부자일수록 좋은 대출을 하여 돈을 늘리고 있고, 기업도 융자라는 대출을 받아 사업을 확대해가고 있는데도 말이다.

마찬가지로 돈은 고생해서 버는 것이라고 지겹도록 들으며 자란 아이에게는 그 기록이 계속 머릿속에서 재생된다. 이런 신념이 있으면 돈은 노동 수입으로 버는 것만 옳다고 생각하고 자본 수입으로 돈을 버는 것에 죄악감을 느끼게 된다. 그리고 투자로 행동을 옮기지 못하게 된다. 다음과 같은 말 역시 돈에 대한 부정적인 신념을 형성한다.

- 남에게 돈을 빌리지 마라.
- 사람들 앞에서 돈 이야기를 하지 마라.
- 분수에 넘치는 돈을 벌려고 해서는 안 된다.
- 그럭저럭 생활을 할 수 있으면 충분하다.
- 돈을 불리는 것은 나쁘다.

인간의 뇌는 6세가 지나면 녹음과 재생이 혼재된 상태를 지나 13세 무렵부터는 재생 모드로 전환된다. 이 무렵이 되면 돈이 많았으면 좋겠다고 생각하면서도 행동에 제약이 걸려 세상의 돈에 관한 정보에서 눈을 돌리기 때문에 파이낸셜 리터러시가 생기지 않는다. 그 결과 돈이 전혀 늘어나지 않는 인생을 걸을 수밖에 없다.

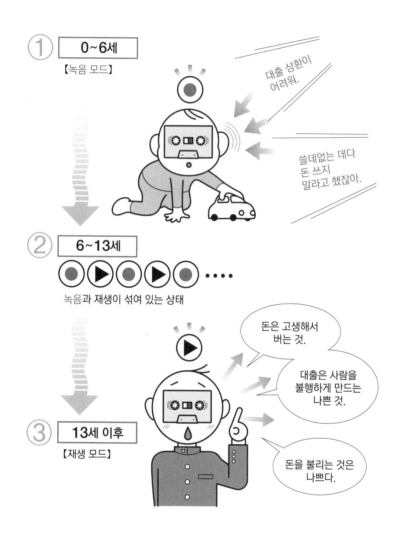

그림 2-1 돈의 신념은 6세까지 형성된다

💵 돈의 신념은 아이들에게 이어진다

사람의 머릿속에는 작은 나와 큰 나가 있다. 작은 나는 표면의식이고 큰 나는 잠재의식이다. 돈이 많았으면 좋겠다는 표면의식과 달리 말로 표현하지는 않지만 돈벌이는 나쁘다는 잠재의식이 6세까지 녹음된 두뇌 속에서 재생되고 있으면 작은 나(표면의식)는 큰 나(잠재의식)에 눌려버린다.

잠재의식은 표면의식의 200만 배라는 설도 있듯이 우리의 행동에 큰 영향을 준다. 잠재의식에서 자유롭게 살기 위한 돈벌이는 나쁘다고 생각하는 한 표면의식에서 돈을 많이 벌고 싶다고 생각해도 강력한 잠재의식을 이길 수는 없다. 이기지 못하는 싸움을 계속하고 있으면 뇌는 점점 피폐해지고, 몸과 마음의 에너지가 함께 줄어들어 원하는 것을 얻기 위한 행동을 하지 않게 된다.

1장에서 살펴봤듯이 노동 수입과 자본 수입의 차이가 계속 커지고 있는 시대임에도 투자를 해서 돈을 번다는 것에 대해 일하지 않고 돈을 번다는 나쁜 이미지가 있기 때문에 투자를 쉽게 실행에 옮기지 못하는 사람이 많은 것도 이 두뇌 안에서 테이프가 계속 재생되고 있기 때문이다. 돈을 움직이게 하여 자본 수입을 얻는 것에 가책을 느끼거나 의심을 하게 되어 움직일 수 없어지는 것이다.

또 필요 이상의 돈을 버는 것은 좋지 않다거나, 불로 소득은 바람직하지 못하다는 신념을 가지고 있기 때문에 회사에서 근무한 노동으로 얻은 돈만 받을 가치가 있다고 생각하고, 투자 등 실태가 보이지 않는 것으로 돈을 버는 것에 죄책감을 느끼게 된다. 실제로 투자에 쉽게 손을 뻗칠 수 없는 것도 이런 신념이 배경에 있기 때문이다.

또한 투자 같은 리스크를 감수하면서까지 수입을 올리고 싶지 않다는 투자 리스크의 공포심도 큰 요인이다. 이 공포심이 저축으로 사람들을 끌어들이고 노동 이외의 돈에 손대는 것을 주저하게 만든다.

많은 사람이 그런 일하는 방식을 바꾸지 못하고 있다. 그 원인에는 노동은 미덕이라든가 불로 소득은 비열한 것이라는 신념이 있고, 그 신념이 사회에 강하게 뿌리내려서 빈곤과 격차를 발생시키는 주요 원인이 되고 있다. 그리고 이런 편견이 아이들의 돈에 대한 신념에도 큰 영향을 미치고 있는 것을 깨닫지 못하는 사람이 많다는 점 또한 문제이다.

💵 '돈이 전부가 아니야!' 하지만……

'이마에 땀을 흘리며 돈을 번다'는 말이 있다. 이 말에는 열심히 일하는 것을 미덕으로 여기는 가치관이 담겨 있다. "휴일도 없이 일하고 있어"라든가 "매일 퇴근하면 한밤중이야"라고 자랑스럽게 이

그림 2-2 작은 나(표면의식)와 큰 나(잠재의식)

야기하는 사람이 있는데 이것은 이렇게 자신은 열심히 살고 있다는 일종의 호소이고, 거기에는 열심히 일하고 있는 자신을 인정해 줬으면 하는 마음이 담겨 있다.

반면 출근해서 일하는 대신 하고 싶은 일을 하면서 보내는 것을 떳떳하지 못하다고 느끼는 사람이 많고, 자신의 자녀가 미래에 그런 떳떳하지 못한 방식으로 일하기를 바라는 부모도 적을 것이다.

물론 노동은 귀하다는 사고방식이 나쁜 것은 아니다. 일하는 것은 자신의 능력을 발휘하고 보람을 느낄 수 있다는 점에서 무척 훌륭하다. 그런 노동의 긍정적인 점은 부디 아이들에게도 확실하게 알려주고 싶다.

하지만 문제는 수입을 만들어내는 방법이 자기 인생의 시간을 잘라내서 파는 것뿐이라는 편향된 생각에만 묶여 있는 점이다. '말의 코앞에 당근을 매단다'는 속담은 좋아하는 것을 보여주며 분발하게 한다는 비유로 사용되는데 대부분의 사람이 바로 이 속담의 말과 같은 상태에 있지는 않은지 생각해봐야 한다. 달콤한 먹이를 손에 넣기 위해 생명을 깎아내면서까지 무리해서 일하고 있지는 않은지 말이다.

"돈을 위해 일하는 것이 아니야!"라든가 "돈이 전부가 아니야!" 같은 말을 하는 사람도 많이 있는데, 그런 말을 하는 사람들조차 현실적으로는 돈을 위해 일하고 있다고 할 수 있다.

이렇듯이 귀중한 인생의 시간을 들여 손에 넣은 돈은 그 사람의

그림 2-3 월급을 받기 위해 생명을 갉아먹고 있지는 않은가?

인생 그 자체라고 말해도 좋다. 즉 노동으로 얻은 돈은 사람의 생명과도 같기 때문에 돈을 숭배하거나 무서워하는 마음이 생길 수 있다.

하지만 세상에는 힘들게 노동하지 않아도 벌 수 있는 돈이 존재하는 것 또한 사실이다. 바로 투자 등으로 얻는 자본 수입이다.

3

돈을 감정에서 분리하고
편견을 없애는 방법

돈에 대한 편견을 떨쳐낸다

아이에게 돈의 교육을 시작할 때 제일 처음 해야 할 가장 중요한 일은 부모가 먼저 돈에 대한 편견을 떨쳐내는 것이다. '불로 소득은 깨끗하지 않다', '빚은 나쁘다', '투자는 리스크가 있다'는 등의 편견을 스스로 떨쳐내는 것이 돈의 교육의 첫걸음이다. 불로 소득은 나쁘다거나 주식은 도박이라거나 투자를 하면 돈을 잃는다는 공포를 부모가 느끼고 있으면 스스로 행동으로 옮길 수 없다.

사람에 따라서는 이미 몇 번이나 투자에 도전했다가 실패해 투자에 대한 혐오감을 가지고 있는 사람도 있다. 하지만 그것은 아직 올바른 파이낸셜 리터러시를 익히지 않았기 때문에 생긴 일이다. 올바른 파이낸셜 리터러시를 익히는 방법은 3장과 4장에서 설명하는 돈의 구조와 역사를 이해하는 것에서부터 시작해야 한다.

만약에 부모가 투자는 무서운 것이라고 느끼면서도 생각을 바꾸지 않는다거나 다시 도전하는 노력을 하지 않는다면 당연히 아이들에게 적절한 돈의 교육을 해주기 어렵다.

💵 돈에 대한 이야기를 하는 것부터 시작하자

돈의 교육을 시작할 때는 우선 부부가 함께 돈에 대한 대화의 기회를 많이 늘려야 한다. 부부간에 돈 이야기를 하는 것이 싫다거나, 부부 싸움의 씨앗이 되기 때문에 가능한 한 피하고 싶다고 생각하는 사람도 있을지 모르겠다.

하지만 중요한 것은 돈을 감정에서 떼어놓고 담담한 기분으로 이야기할 수 있게 되는 것이다. 실제로 우리 부부는 아이가 태어나기 전부터 돈에 대해서 자주 함께 공부했다.

돈에 대해 공부했다고 해서 그렇게 어려운 이야기를 나누지는 않았다. 예를 들어 로버트 기요사키가 개발한 '캐시플로 게임'을 하면서 돈에 대해 배우는 등 우리 부부는 생활 가까이에 있는 돈에 대해 이해하기 위해서 즐겁게 공부하는 것을 중요하게 여겨왔다.

아이가 태어난 후에도 일주일에 한 번은 부부 둘이서만 외식할 기회를 만들어 돈에 대한 내용을 중심으로 이야기를 나눴다. 이런 습관을 10년 이상 지속하고 있다. 사실 이 책을 써야겠다고 생각하게 된 계기도 아내와 함께 식사를 하던 중에 아내가 한 말 덕분이었다. 3년 전 어느 날 점심 식사를 하다가 나눈 대화에 나는 꽤 흥분해 있었다. 부유한 사람만 더욱 부유해지고 돈이 없는 사람은 점점 빈곤해져가는 심각한 사회 현상에 나는 강한 위기감을 느끼고 있다고 열변을 토했던 것이다. 그래서 "어째서 사람들은 이렇게 돈에 대해 무지할까? 이대로라면 세상의 아이들이 힘들어질 거야!"라고 토로했다.

열정적으로 이야기하는 나에게 아내는 무척 냉정하게 "이런 자리에서 우리끼리 얘기해봐야 아무 소용없잖아, 그렇게 생각한다면 세상 사람들에게 알리기 위해서 책을 쓰는 게 어때?"라고 말했다. 이를 계기로 돈에 관련된 책을 쓰게 되었고, 이것이 돈의 교육이 얼마나 중요한지 알리는 활동의 시작이었다.

Financial Education

과학적인 돈의 교육으로
안심과 자유를 얻는다

돈의 교육을 시작하기 위한 마인드 리셋

실제로 돈을 벌거나 부를 늘리는 것은 결코 더러운 일도 나쁜 일도 아니다. 또한 저축은 좋은 면뿐만 아니라 나쁜 면도 있으며, 반대로 빚에는 나쁜 면도 있는 반면 좋은 면도 있다.

우선은 돈에 대한 편견을 내려놓고 냉정하게 높은 곳에서 내려다보는 시선으로 돈에 대해 파악해볼 필요가 있다. 무엇보다 많은 사람을 옭아매고 있는 돈에 관한 상식과 터부로 여겨지는 신념에서 해방되는 것이 중요하다. 그러기 위해서는 현재 가정과 학교 교육에 돈의 교육을 도입해야 한다. 그리고 돈의 교육을 시작하기에 앞서 먼저 돈이란 무엇인지를 알아둬야 한다.

매일 사용하는 돈의 본질이 무엇인지 알게 되면 자연스럽게 잘못된 신념을 깨닫고 돈과 사이좋게 지내는 스킬을 익힐 수 있게 된다. 그리고 그 본질을 이해하기 위해서는 돈의 구조와 돈의 역사를 반드시 배워야 한다고 나는 확신한다.

돈의 구조와 역사를 알게 되면 돈이란 가치를 측정하는 단순한 척도이고 그 척도는 시대와 함께 점점 바뀐다는 사실을 이해할 수 있다. 또한 돈은 어느 시대에나 신용에 의해 생긴다는 사실 또한 알게 된다.

지금까지 가지고 있던 편견을 내려두고 돈의 정체를 과학적으로 파악하는 교육을 나는 과학적인 돈의 교육이라고 이름 붙였다. 이 과학적인 돈의 교육을 하면 아이들은 돈을 창출해내기 위해 스스로 생각하고 판단하고 행동할 수 있게 됨으로써 안심과 자유가 있는 미래로 나아갈 수 있게 해준다. 우선은 부모와 아이가 함께 돈에 대해 이야기를 나누는 것부터 시작해보자.

돈의 구조를
아는 것부터 시작하자

FINANCIAL LITERACY IS EVERYTHING

3장의 Summary

- 돈에는 종이의 돈과 숫자상의 돈(크레디트)이 있다.

- 크레디트는 사람들이 만들어낸다.

- 세상에서 이뤄지는 대부분의 거래는
  크레디트로 발생하는 대출로 이루어진다.

- 대출로 경제는 활성화된다.

- 대출에는 좋은 대출과 나쁜 대출이 있다.

- 리치 마인드의 사람은
  좋은 대출을 하여 자산을 늘리고 있다.

돈은 빚이고 빚은 신용이다, 그러므로 돈은 신용에서 생긴다

💵 돈의 구조를 이해한다

돈에 대해 아이에게 가르치고자 한다면 우선은 돈의 정체, 즉 돈이 어떻게 생기고 어떻게 세상에서 돌고 있는지를 아는 것부터 시작해야 한다. 다시 말해 돈의 구조를 이해하는 것이 중요하다.

매일 사용하는 돈인데도 성인들 또한 모르거나 착각하고 있는 부분이 많다. 돈의 구조를 이해하는 것은 돈의 교육을 하기 위한 대전제가 되는 지식이므로 찬찬히 읽어두자. 자녀에게 가르칠 때 도움이 되는 대화의 예시도 함께 담았으니 참고하길 바란다.

💵 돈 그 자체의 가치는 무엇인가?

나는 부모와 자녀가 함께 듣는 돈의 세미나에서 '돈이란 무엇입니까?'라는 질문을 자주 던지고는 하는데, 이때마다 다양한 답이 돌아온다. 행복, 자유, 에너지, 없으면 곤란한 것, 악한 것, 가치 등 등. 하지만 전부 틀린 답이다. 왜냐하면 돈은 우리 인간이 발명한 것으로, 그 발명에는 명확한 정의가 있기 때문이다.

돈이란 가치를 교환할 수 있고 가치를 측정할 수 있으며 가치를 보존할 수 있는 것이라고 정의되어 있다. 이 정의를 보면 알 수 있듯이 돈은 가치라는 것을 교환하고 측정하고 보존할 수는 있지만 가치 그 자체는 아니다. 돈을 원한다는 생각의 실체는 돈이라는 종이가 아닌 그 종이와 교환할 수 있는 가치이다.

그렇다면 가치란 무엇일까? 가치란 문제 해결의 대가이다. 다시 말해 다수의 큰 문제를 해결해주면 많은 가치를 얻을 수 있지만 소수의 작은 문제만 해결하고 있으면 작은 가치만 얻는다.

즉, 돈이란 문제를 해결해주고 얻은 가치를 담는 그릇과 같다.

아이에게 가르칠 때에는……

👤 돈을 많이 벌려면 어떻게 해야 하지?

👦 공부를 많이 하고 열심히 일하면 될 것 같아요.

👨 글쎄, 어떨까? 많이 공부하고 열심히 일해도 돈을 벌지 못하는 사람이 많이 있단다.

👦 정말요? 그러면 어떻게 하면 부자가 될 수 있어요?

👨 많은 사람들의 문제를 해결해주고, 그 사람들을 행복하게 해주면 돈을 벌 수 있어. 하지만 그러기 위해서는 우선 해야 할 일이 있단다. 그게 뭐라고 생각하지?

👦 모르겠어요, 가르쳐주세요!

👨 우선은 그 사람이 안고 있는 문제를 찾아내야 해. 여러 사람과 대화를 해서 그 사람이 어떤 곤란을 겪고 있는지 알아야만 하지.

👦 그렇구나. 아빠는 무슨 곤란한 일 없어요?

💵 돈은 누가 만들고 있는가?

아이가 돈은 누가 만드는지 질문을 한다면 어떻게 대답할까?

중앙은행 혹은 정부라고 대답하는 사람이 많을 것이다. 분명 지폐를 인쇄하는 곳은 중앙은행이다.

그런데 세상에서 사용되는 돈의 대부분은 종이돈이 아니다. 그렇다면 종이돈이 아닌 돈은 무엇일까? 그것은 손으로 만질 수 없는 전산상의 숫자와 같다. 예를 들어 평소에 사용하고 있는 신용 카드로도 물건을 구입할 수 있는데, 그것은 숫자가 움직이고 있을 뿐인 돈이다.

부모와 자녀가 함께 듣는 세미나에서 유치원 아이들에게 돈이란 무엇이라고 생각하는지 질문을 하고 그림을 그리게 한 적이 있는데 한 아이는 종이 가득 숫자의 나열을 그렸다. 그야말로 돈의 본질을 제대로 그렸다고 생각했다.

그 숫자의 돈은 크레디트라고 부른다. 우리말로는 신용이다. 그렇다면 세상에 돌고 있는 대부분의 돈, 즉 신용은 누가 만들까? 사실은 은행이 만들고 있다. 여기서 은행은 화폐를 찍어내는 중앙은행이 아닌 모두가 평소에 이용하는 일반 은행을 가리킨다.

그렇다면 어떤 방법으로 은행이 돈을 만들어내는지 살펴보자.

💰 주택 자금 대출을 하면 은행은 새로운 돈을 만들 수 있다

대부분의 사람들이 평생에 한 번은 은행에서 돈을 빌릴 일이 있을 것이다. 개인이라면 주택 자금 대출, 사업을 하는 사람이라면 사업 대출, 일시적으로 자금이 필요하다면 카드론, 법인이라면 법인을 대상으로 하는 융자 등, 세상에는 다양한 형태의 대출이 많이 존재한다.

즉, 무언가 물건이나 서비스를 사고 싶지만 당장 돈이 없을 때 미래의 자신에게서 은행을 통해 돈을 빌리는 것이다. 자신의 미래 수입에서 돈을 빌리는 형태라고 상상하면 된다.

예를 들어 주택 자금 대출을 받아 집을 사려고 한다. 대출 심사가 통과되어 은행과 계약을 하면 어떤 일이 일어날까? 그 순간에 이 세상에 새로운 돈이 탄생하게 된다. 그리고 자신의 돈을 사용하지 않고 원하는 집을 얻을 수 있다.

구조는 이렇다. 여러분이 은행과 돈을 빌리는 계약을 한 후에는 통장 잔고를 표시하는 숫자가 빌린 만큼 늘어난다. 그런데 사실 이 늘어난 숫자는 은행이 다른 사람에게서 맡은 돈을 입금한 것이 아니라 그저 여러분의 계좌에 잔고를 표시하는 숫자를 늘린 것일 뿐이다. 다시 말해 사람들이 이용하는 은행이 실질적으로 새로운 돈을 만들고 있다.

일반 은행이 돈을 만든다는 말에 놀란 독자들도 많을 것 같다. 일반적으로 은행의 구조라고 하면, 다른 사람이 맡긴 저금에서 은행이 대출을 받으려는 사람들에게 돈을 빌려주는 것이라고 알고 있다. 다시 말해 그저 중개를 하고 있다고 보는 것이다.

실제로 아이들에게도 그렇게 가르치는 사람이 많다. 언뜻 보면 이 설명은 옳은 것 같지만 실제로는 그렇지 않다. 정확하게는 여러분이 대출을 한 그 순간에 새로운 돈이 만들어진다. 돈을 빌리고 싶은 사람이 금융 기관에서 돈을 빌리면 새로운 돈이 만들어지고, 세상에

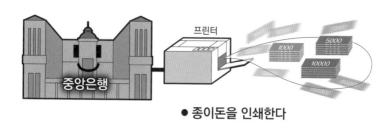

● 종이돈을 인쇄한다

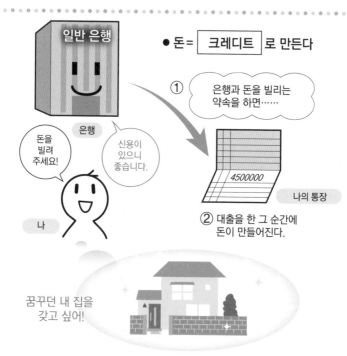

● 돈 = 크레디트 로 만든다

① 은행과 돈을 빌리는 약속을 하면……

돈을 빌려 주세요!

신용이 있으니 좋습니다.

나의 통장

4500000

② 대출을 한 그 순간에 돈이 만들어진다.

꿈꾸던 내 집을 갖고 싶어!

그림 3-1 대출을 한 순간에 돈이 증가한다

존재하는 대부분의 돈은 이렇게 만들어진다.

다시 말해 빌리고 싶은 사람에게 제대로 상환할 신용이 있고, 금융 기관이 빌려줄 가치가 있다고 판단하면 사회에 돈의 양이 증가한다. 빌리고 싶은 사람의 수입이나 자산이 적고 신용이 없거나, 금융 기관의 경영이 악화되거나 애초에 빌려줄 가치가 없다면 돈의 양은 증가하지 않는다. 또 애초에 돈을 빌리고 싶은 사람이 없는 경우도 마찬가지다.

💵 구매의 대부분은 신용으로 이루어진다

우리가 신용 카드로 물건을 사는 것은 신용을 사용해 거래하는 대표적인 예다. 실제로 세상의 물건이나 서비스 거래의 대부분은 신용으로 이루어진다.

개인이 물건을 살 때뿐만 아니라 기업 간의 대규모 거래가 이뤄지는 상황에서도 마찬가지다. 거래는 돈이나 신용을 물건, 서비스, 금융 자산과 교환할 때 비로소 성립한다.

그리고 경제는 넓은 의미로 보면 이런 판매 및 구입이라는 거래를 모두 더한 집합체다. 다시 말해 국내 전체, 세계 전체의 사람과 회사가 행하고 있는 거래를 더한 합계를 경제 규모라고 한다. 언뜻 복잡해 보이는 경제의 움직임이지만 사실은 무척 간단하다. 그리고 경제의 움직임을 쉽게 이해하기 위해서는 신용이 실제로는 무엇인가를 알아야 한다.

😀 아빠, 돈은 누가 만들어요?

😐 지폐 같은 화폐는 중앙은행이라는 가장 높은 은행이 만들고 있어. 하지만 지폐 이외에도 돈이 있단다.

😀 어떤 돈요?

😐 신용 카드 등으로 만들어지는 신용이라는 돈이야. 지폐와 마찬가지로 장난감, 과자, 게임 앱 등을 살 수 있어. 사실은 지갑 안에 있는 지폐나 동전은 돈 중에서도 양이 무척 적단다. 세상 대부분의 돈은 눈에 보이지 않는 신용으로 이루어져 있지.

😀 신용이 뭔데요?

😐 빌린 돈을 갚을 능력이 있는 사람이 신용이 있는 사람이야. 예를 들어 빌린 돈으로 장난감을 사고 돈을 갚지 못하게 되면 신용은 사라지지만 그 장난감을 다른 사람에게 팔거나 빌려줘서 돈을 갚을 수 있다면 신용은 만들 수 있어. 어떤 일로 곤란해하는 사람의 문제를 해결해줄 힘이 있으면 신용을 높일 수 있지. 그리고 부자일수록 신용을 많이 가지고 있단다.

그렇구나. 아빠의 신용은 어느 정도예요?

그야 당연히 엄청 많지.

세상의 돈은 전부 누군가의 대출이다

신용 카드로 지불하는 것은 대출을 하는 행위이기도 하다. 우리는 보통 한 번도 대출을 받은 적이 없다고 생각하지만 사실은 신용 카드 회사에서 돈을 빌린 것이기 때문에 어엿한 대출이다. 대출은 신용을 바탕으로 이루어진다. 다시 말해 신용 카드를 이용하여 물건을 사는 일은 신용을 사용하여 대출을 해서 물건을 사는 것이다.

신용 카드뿐만 아니라 세상의 돈은 전부 누군가의 대출로 만들어진다. 다시 말해 현시대에서는 대부분의 매매가 대출을 바탕으로 행해지고 있다. 세상에 존재하는 현금과 신용의 총액을 100이라고 하면 그 양의 비율은 대략 현금이 7, 신용이 93 정도다.

지폐는 국가와 중앙은행의 신용을 바탕으로, 지폐 이외의 돈은 일반 은행, 증권 회사나 그 외의 민간 기업의 신용을 바탕으로 만들어진다.

즉 세상의 거래는 거의 대부분 민간의 신용으로 이뤄지고 있다.

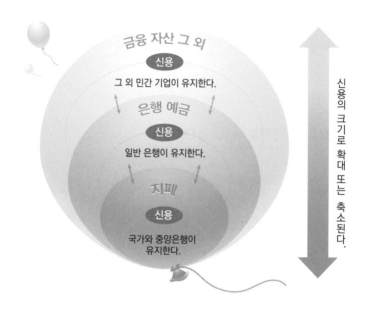

그림 3-2 돈의 구조란 '돈=대출=신용'이다

💵 신용이 높을수록
많은 돈을 만들어낼 수 있다

　신용 카드에는 사용할 수 있는 한도액이 있다. 그 한도액은 수입이나 저축 금액, 근속 연수나 고용 형태 등을 바탕으로 한 신용의 크기에 따라 정해진다.

예를 들어 수입이 없는 학생이 신용 카드를 사용할 경우 한도액은 10만 엔 정도이다. 반면 소득이 많은 사람의 신용 한도액은 몇백만 엔을 넘거나 혹은 무제한인 경우도 있다. 다시 말해 신용의 크기에 따라 더 많은 돈을 만들어낼 수 있다는 의미이다.

지금까지 설명한 대출, 신용, 거래 등은 경제 전체, 다르게 말하면 돈의 구조를 읽어낼 때 무척 중요한 개념이다. 다음으로는 이런 키워드를 사용해 돈의 구조에 대해 설명하겠다.

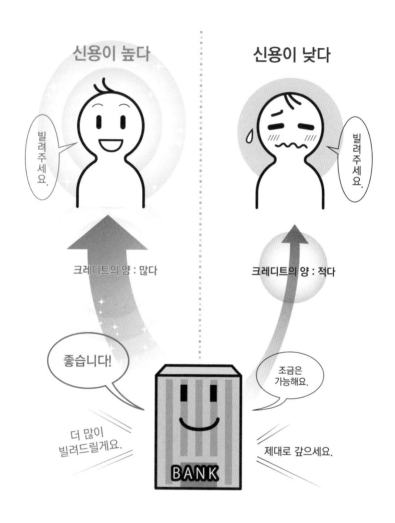

그림 3-3 신용이 높아지면 더 많은 돈을 만들어낼 수 있다

2

빚이 증가하면 경제는 좋아지고, 빚이 감소하면 경제는 정체한다

📋 대출이 경제를 활성화시킨다

사람들의 연봉이 올라 신용이 높아지면 더 많은 돈을 빌릴 수 있게 된다. 그러면 금융 기관(은행)은 더 많은 돈을 빌려준다. 수입이 많아진 사람은 더 많은 물건과 서비스를 살 수 있다. 거래가 더 많이 이뤄지면 경제가 활성화되고 건강해진다.

신용에 따라 돈이 발생하는 구조는 개인과 회사 차원은 물론 국가 차원에서도 똑같이 일어난다. 경제는 한 사람 한 사람의 거래를 다 더한 것으로 이루어지므로 개인과 기업의 신용이 올라가면 경제 전체의 거래량은 증가하고 거래의 총액도 증가하여 그 결과 경제는 더 활성화된다.

신용이 더 증가하면 더 많은 돈을 빌릴 수 있고, 더 많이 빌릴 수 있으면 더 많이 사용할 수 있다. 돈을 더 사용하면 경제가 좋아진다. 이것이 돈의 구조다.

아이에게 가르칠 때에는……

🙂 아빠, 나도 신용 카드가 갖고 싶어요! 카드만 있으면 무엇이든 살 수 있잖아요.

👨 어린이는 신용 카드를 가질 수 없어.

🙂 왜요?

👨 어린이는 신용이 없기 때문이야. 돈을 갚을 능력이 없으니까.

🙂 그럼 신용이 있으면 카드를 만들 수 있는 거예요? 신용은 어떻게 하면 가질 수 있어요?

👨 다른 사람의 문제를 많이 해결해주고 행복하게 해주면 돼. 그러기 위해서는 어떤 사람이 어떤 일로 곤란해하는지 알아내서 그 곤란한 일을 없애주면 된단다.

🙂 그렇구나. 곤란을 겪는 사람을 행복하게 해주면 되는 거네요. 멋있다!

💵 왜 신용 카드가 생겨났을까?

그렇다면 왜 현금 외에 신용 카드와 같은 신용을 이용한 지불 구조가 생겨났을까? 그것은 인간에게는 지금보다도 더 좋은 생활을 하고 싶다는 욕구가 있기 때문이다.

만약 월수입이 30만 엔인데 그 수입으로 살 수 있는 것 이상으로 원하는 물건이 많고 다양한 서비스도 구입하고 싶은 경우에는 어떻게 해야 할까? 더 많은 시간 동안 일을 하거나 회사에 공헌하여 연봉을 올리면 된다.

이 사고방식은 세상에 돈의 형태가 현금만 존재한다는 전제에서는 지극히 정확한 생각이다. 수입을 늘리기 위해서는 일하는 시간을 늘리거나 시간당 단가, 혹은 생산물의 단가를 올려야 한다. 하지만 현실적으로 일하는 시간을 두 배로 늘리거나 생산성을 두 배로 높이기는 쉽지 않다. 현실적으로 올해 하루에 여덟 시간 일한 사람이 내년에 열여섯 시간 일할 수는 없다. 또 여덟 시간 노동 시간을 유지하면서 두 배의 생산성을 올리는 것도 쉽지 않다. 일의 기술과 지식을 향상시켜 생산을 두 배로 늘리는 것도 불가능하지는 않지만 역시 시간이 걸린다.

예를 들어 하루에 장난감 100개를 만들 수 있는 사람이 기술을 향상시켜 102개를 만들 수 있게 되었다고 하자. 생산성이 100에서 102로 올라갔다. 그렇지만 다음 해에 200개를 만들 수 있게 되기는 어렵다. 게다가 그 기술 향상과 생산성 향상을 급여를 지급하는 회사 측이 평가해주어야만 한다. 이것 역시 어려운 부분이다.

하지만 대출을 할 수 있으면 그 돈으로 기계를 사서 장난감 1만 개를 만들어낼 수 있고 순식간에 생산성이 올라간다. 생산성을 올리는 대출은 우리는 물론이고 사회에도 좋은 일이다.

💵 금리란 무엇인가?

중앙은행은 금리를 올리거나 내려서 대출할 수 있는 양(대출하기 쉬운 양)을 조절한다. 금리란 돈을 빌리는 요금을 의미하는데, 금리가 내려가면 싸게 돈을 빌릴 수 있게 된다. 그러면 돈을 빌리고자 하는 사람이 늘어나 대출을 하기 시작한다. 반대로 금리를 올리면 돈을 빌리는 요금이 올라간다. 그 결과 돈을 빌리기 꺼려하거나 어려워하는 사람이 늘어나게 되고 물건과 서비스의 판매량이 줄어들면서 세계 경제가 활력을 잃는다.

아이에게 가르칠 때에는……

👨 우리나라에는 은행의 부모 같은 은행이 있어. 그것이 중앙은행이

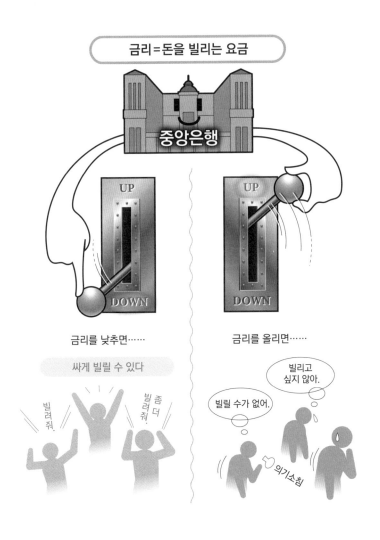

그림 3-4 금리로 대출의 양을 조정한다

란다.

👨 중앙은행은 어떤 일을 해요?

🧑‍🦲 돈을 빌리기 쉽게 하기도 하고 빌리기 어렵게 하기도 해.

👨 어떻게요?

🧑‍🦲 예를 들어 100엔 빌렸을 경우 110엔을 돌려줘야만 했던 것을 앞으로는 105엔만 돌려줘도 된다고 하면 어떨까?

👨 이전보다 돈을 싸게 빌릴 수 있게 돼요.

🧑‍🦲 그렇지. 그러면 빌리고 싶어 하는 사람이 늘어날 거야.

👨 그렇구나.

🧑‍🦲 그렇다면 반대로 150엔을 돌려줘야 한다면 빌리고 싶다는 사람이 줄어들겠지?

👨 분명 돌려주기 힘들어지니까 빌리고 싶지 않을 거예요.

💵 나의 지출은 누군가의 수입이 된다

대출을 하여 사용할 수 있는 돈의 양이 늘어나면 지출이 늘어난다. 내가 사용한 돈(지출)은 누군가의 돈(수입)이 된다. 게다가 신용카드가 있는 세상은 그 수입에 더해 사용할 수 있는 돈이 증가하는 구조로 되어 있다.

예를 들어 이번 달에 자유롭게 사용할 수 있는 현금이 10만 엔이 있고, 은행에서 1만 엔을 빌릴 수 있는 신용력이 있다고 하자. 즉 신용 카드로 1만 엔을 사용하려고 한다. 그러면 사용할 수 있는 금액은 11만 엔이 된다. 만약 그 11만 엔을 사용하여 물건이나 서비스를 사면 그 11만 엔은 누군가의 수입이 된다. 그렇게 11만 엔의 소득을 얻은 사람은 수입의 11만 엔에 더해서 은행에서 1만 1,000엔을 빌릴 수 있다. 그러면 12만 1,000엔을 사용할 수 있게 된다.

다시 말해 한 사람의 지출은 다른 사람의 수입이 된다. 게다가 신용 카드를 사용할 수 있는 현대에는 카드로 대출을 하여 사용 금액이 증가한다면 다른 사람의 소득이 늘어나고, 소득이 늘어남에 따라 지출 또한 늘어난다.

즉 대출을 하여 돈을 많이 사용하는 것은 경제가 활성화된다는 점에서 좋은 일이다. 반면 그런 지출을 하지 않고 돈을 모으려고 하면 다른 사람의 수입이 줄어든다.

이런 점에서 보면 돈을 사용하지 않고 저축만 하는 것은 세상에 돈이 돌지 않게 된다는 것을 의미한다. 그러므로 과도한 저축은 미덕이 아니라 사회 전체로 본다면 나쁜 것이기도 하다.

아이에게 가르칠 때에는……

가족이 다 함께 외식을 할 때 나눈 대화

👨 오늘 우리가 먹은 건 얼마나 나올까?

🧒 5,000엔 정도 나올 것 같아요.

👨 그러면 그 식사에 대해 지불한 요금은 누구 것일지 생각해볼까?

🧒 이 레스토랑 거 아니에요?

👨 그렇지. 이 레스토랑에서 일하는 직원들과 가게를 경영하는 사장의 수입이 되겠지.

🧒 우리가 맛있는 밥을 먹는 건 좋은 일을 한 거네요. 아빠, 다음 주에도 또 레스토랑에서 밥 먹어요!

💵 돈의 가치가 떨어지는, 인플레이션이란 무엇일까?

그런데 모두가 대출을 계속하면 세상에는 돈의 양이 점점 늘어갈 것이다. 그리고 돈의 양이 늘어나다 보면 인플레이션이 일어나게 된다. 인플레이션이란 물가(물건의 가격)가 올라가는 것을 말한다. 이것은 동시에 돈의 가치가 떨어진다는 의미다.

거래는 돈이나 신용을 물건, 서비스, 금융 자산으로 교환하는 것이라고 말했는데, 돈과 신용의 합계가 경제 전체의 총지출이고, 이 총지출을 거래한 물건, 서비스, 금융 자산의 합계로 나누면 가격을 알 수 있다.

많은 사람과 기업이 대출을 하여 세상에서 돌고 있는 돈의 양이 지나치게 늘어나면 판매하고 있는 물건, 서비스의 수에 비해 돈의 양이 지나치게 많아진다. 그러면 물건, 서비스, 금융 자산의 가격이 올라간다.

인플레이션의 주요한 요인 중 또 하나는 수요와 공급의 균형이다. 어떤 이유로 수요가 공급보다 많아지거나, 혹은 공급이 수요보다 적어지면 물건과 서비스의 가격이 올라간다.

예를 들어 5퍼센트의 인플레이션이 일어나면 한 상자에 100엔이었던 초콜릿의 가격이 105엔이 된다. 다시 말해 인플레이션이 일어나면 100엔이었던 것을 100엔으로는 살 수 없게 된다. 돈의 가치가 떨어져서 초콜릿의 가격이 올라간 것이다.

장기적으로 보면 인플레이션은 확실하게 일어나고 있다. 예를 들어 1950년대의 100엔은 현재의 1,000엔 정도의 가치와 비슷하다. 즉 1950년대에 100만 엔을 저축했다고 해도 지금은 당시와 비교하여 가치가 10만 엔 정도인 물건밖에 살 수 없다는 의미다.

또 인플레이션은 단기적으로 급격히 진행될 때도 있다. 이 경우는 순식간에 생활이 어려워진다.

👶 인플레이션이 뭐예요?

🧑 음식과 장난감 같은 물건의 가격이 올라가는 거야. 아빠가 어렸을 때보다 지금 물건 가격이 훨씬 올랐어.

👶 무슨 말인지 모르겠어요.

🧑 아빠가 너만 했을 때, 그러니까 30년 정도 전에는 자판기의 음료수가 한 캔에 100엔 정도였지만 지금은 120엔 정도 하지. 과자 가격도 비싸졌단다.

👶 그럼 우리가 어른이 되었을 때는 한 캔에 200엔이 될 수도 있겠네요?

🧑 그럴지도 모르지.

💵 돈을 빌리는 사람이 없으면 경제는 축소한다, 디플레이션이란 무엇일까?

인플레이션이 일어나면 중앙은행은 대출이 지나치게 늘어났다고 판단하여 돈을 발행하는 속도를 늦추거나 시중에 유통되는 돈을 회수하는데, 대표적인 방식으로는 금리를 올려 돈을 빌리기 어렵게 만드는 것이 있다. 혹은 정부가 세금을 올려 소비나 투자 활동을 억

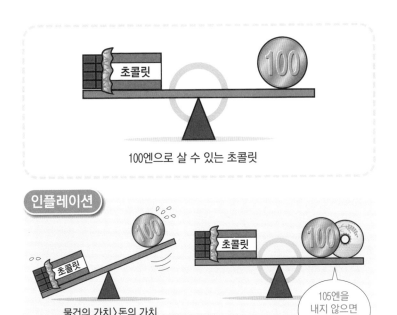

100엔으로 살 수 있는 초콜릿

인플레이션

물건의 가치 〉 돈의 가치

105엔을 내지 않으면 살 수 없다.

디플레이션

물건의 가치 〈 돈의 가치

50엔으로 살 수 있다.

그림 3-5 인플레이션, 디플레이션이란 무엇일까?

제하는 방법도 있다.

그 결과 수입이 줄어들면서 소비와 지출이 줄어들고, 시장에 물건이 남아도는 상태가 되어 물건의 가격이 떨어진다. 이것을 디플레이션이라고 말한다.

디플레이션이 되면 경제는 축소하여 경기가 나빠지기 때문에 경기를 좋아지게 하기 위해서 중앙은행은 금리를 낮춘다. 그러면 다시 돈을 빌리는 사람이 늘어나 경제가 활성화된다.

아이에게 가르칠 때에는……

👦 디플레이션이 뭐예요?

👨 만약에 아빠의 수입과 빌릴 수 있는 돈의 양이 줄어들어 자유롭게 사용할 수 있는 돈이 없다고 해보자. 그러면 원하는 장난감은 살 수 없게 돼. 우리 집뿐만 아니라 친구 A네 집도, B네 집도, C네 집도 수입이 줄어서 장난감을 살 수 없게 되었다고 해봐. 그러면 가게에는 장난감이 팔리지 않고 남겠지.

가게 주인은 물건이 팔리지 않으면 수입이 줄어들어 생계를 유지하기가 어려워지기 때문에 어떻게든 물건을 팔려고 장난감 가격을 낮춰. 그래도 사는 사람이 적으면 가게에 돈이 흘러 들어가지 않게 돼. 그러면 가게는 유지할 힘을 잃어버리게 된단다.

이렇게 물건의 가격이 떨어져서 물건이 남게 되는 것을 디플레이션이라고 해.

지금 이대로 빚이 계속 증가하면
우리는 어떻게 될까?

💰 대출이 점점 늘어나고 있다!

사람도 회사도 크레디트(신용)로 물건을 살 수 있게 되면 대출이 조금씩 늘어난다. 어째서 그렇게 될까? 그 답은 간단하다. 대출을 갚는 것보다도 빌리는 쪽이 더 편하기 때문이다.

인간에게는 욕심이 있다. 빌려준다면 빌려서 원하는 것을 손에 넣고 싶다고 생각하는 것은 인간이 가진 당연한 심리다. 빌리는 것은 갚는 것보다도 편하기 때문에 대출을 전부 상환하기 전에 자신도 모르게 빌리게 되는 상황을 만든다.

대출이 늘어나는 또 다른 이유가 있다. 자신의 정책에 힘을 실어달라는 정치가 두 명이 있다고 상상해보자.

건실한 정치가 A는 다음과 같은 공약을 내건다.

"사회 전반적으로 대출이 지나치게 늘어나고 있습니다. 이대로라면 5~10년 후에는 큰 문제가 발생할 것입니다. 저는 세금을 올려 대출을 줄여가겠습니다. 앞으로 5~10년은 틀림없이 불경기가 이어지겠지만 그 후로는 서서히 회복될 것입니다. 저에게 한 표를 주십시오!"

반면 현재만 바라보며 살아가는 정치가 B는 다음과 같은 공약을 내건다.

"여러분의 세금을 낮추고 보조금, 조성금과 사회 보장을 늘리고 금리를 낮추겠습니다. 지금의 생활이 점점 좋아지고 장기적으로도 경기는 좋아질 것입니다. 저에게 한 표를 주십시오!"

사람들은 누구에게 투표할까? 실제로는 대다수의 사람이 현재만 바라보며 살아가는 정치가 B에게 투표하기 때문에 대출이 계속 증가하는 정책이 시행된다.

아이에게 가르칠 때에는……

👦 아빠, 용돈 주세요!

👨 안 돼. 이번 달 용돈은 이미 줬잖아.

🧑 하지만 새로 나온 게임 앱을 사고 싶단 말이에요.

👨 어쩔 수 없군. 그러면 다음 달 분을 미리 주는 대신에 다음 달 용 돈은 없어. 그리고 형에게 빌렸다고 한 300엔도 빨리 갚아.

🧑 네. 조만간 갚을게요.

💵 대출이 과도하면 갚을 수 없게 된다

우리가 돈을 사용했다면 누군가가 그만큼 수입을 얻는다. 대출을 하여 지출이 늘어나면 경제 전체의 거래 금액도 점점 증가해서 경제는 활성화된다. 그런데 지나치게 빌려서 상환할 수 없게 되면 경제는 기력을 잃어버린다.

그 이유는 무엇일까? 개인이 돈을 빌렸을 경우를 예로 생각해보자. 만약 월수입 50만 엔인 사람이 매월 1만 엔을 이자 5퍼센트로 빌렸을 경우, 당분간은 대출을 계속할 수 있다. 하지만 빌린 금액을 5만 엔, 10만 엔으로 늘리면 어떻게 될까? 서서히 가계가 압박을 받고 상환할 수 없게 된다.

다시 말해 수입으로 지탱할 수 없을 정도의 대출을 계속하면 언젠가 갚을 수 없게 되고 만다. 이런 현상은 경제 전체에서도 마찬가지로 일어난다. 너무 많이 빌리면 갚을 수 없는 때가 반드시 온다.

아이에게 가르칠 때에는……

😊 아빠, 100엔만 주세요!

😠 안 돼. 지난주에 이미 줬잖아.

😊 엄마, 100엔만 빌려주세요!

😠 안 돼. 지난달에도 빌려줬잖아.

😊 형, 100엔만 빌려줘!

😠 얼마 전에 빌려준 100엔도 아직 안 갚았잖아!

😊 에휴, 아무도 돈을 빌려주지 않네.

😠 당연하지. 너무 많이 빌리지 말라고 했잖아, 얼른 갚으라고.

😊 아, 힘들어~

💵 우리는 지금 어떤 상황에 있을까?

대출을 갚지 못할 경우 일반 가정이라면 파산할 것이고 회사라면 도산하게 된다. 대부분의 자국민으로부터 돈을 빌리고 있는 국가라면 세금을 급격히 올리거나 인플레이션을 의도적으로 일으키는 정책을 실시할 것을 강요받는다. 그러면 특히 저축을 하는 사람과 연금 생활을 하는 고령자 등이 힘들어진다.

다음 페이지의 그래프를 살펴보자. 미국의 대출 양과 주가를 함께 표시한 그래프이다. 1970년 무렵부터 대출이 급증한 것을 볼 수 있다. 대출이 증가하는 속도와 마찬가지로 주가도 상승하고 있다. 또 1974년, 1987년, 2000년, 2008년 등 몇 번이나 그래프가 하강하며 위기 상황이 발생한다.

자기 파산과 도산이 많이 발생하면서 은행의 돈을 빌릴 능력이 급격히 줄어들어 경제를 움직이는 돈의 양이 대출과 함께 순식간에 줄어든다. 하지만 경제를 지탱하기 위해 정부가 많은 돈을 빌리고, 또한 중앙은행도 금리를 낮춰 경제 전체에 유통하는 돈의 양을 늘린다.

그렇게 어느 정도 시간이 지나면 경기가 좋아지고 다시 사회 전체의 대출이 증가하기 시작한다. 그리고 다시 갚을 수 없을 정도가 되어 위기가 발생하면 정부와 중앙은행이 움직임으로써 대출이 다시 증가하는 일이 계속해서 반복된다.

대출은 언젠가는 갚아야만 한다. 수입으로 상환할 수 없을 만큼 대출이 증가하면 그 순간 위기가 발생한다. 이것이 경제가 한순간에 활기를 잃어버리는 현상이다.

이런 큰 파도가 70~100년 간격으로 반복되고 있다. 현재 우리는 이 파도의 가장 높은 곳에 있다고 한다. 그 근거에 대해서는 4장에서 다시 살펴보겠다.

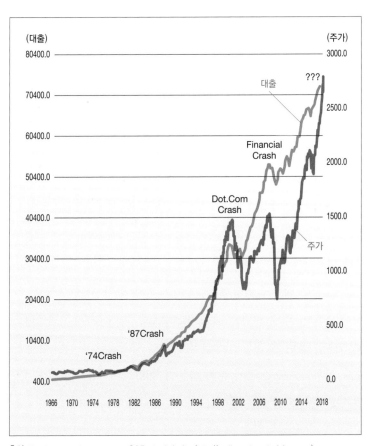

출처 Total system leverage vs S&P stock index(http://realinvestmentadvice.com)

그림 3-6 미국의 대출 양과 주가 그래프

💵 대출에는 좋은 대출과 나쁜 대출이 있다

어차피 언젠가 갚아야 한다면 대출을 받아도 의미가 없고 역시 대출은 하지 말아야 한다는 생각이 들지도 모르겠다. 실제로 허세를 위해 구입하는 고급차나 30년 주택 자금 대출을 받아 매월 상환이 버거운 집을 산다고 해도 투자처럼 부를 만들어내지는 못한다. 그런 것을 구입하기 위해 대출을 받으면 언젠가 갚을 수 없는 때가 온다.

즉, 대출이 생산성(수입)을 넘으면 상환할 수 없게 된다는 말이다. 상환의 부담만이 증대하여 언젠가 갚을 수 없는 가능성이 있는 대출은 나쁜 대출이다.

반면 좋은 대출도 있다. 예를 들어 대출을 받아 차를 사서 그 차를 활용하여 택배 서비스 같은 비즈니스를 하는 경우다. 비즈니스로 수익을 올릴 수 있다면 생산성(수입)이 향상된다. 자동차 대금을 모두 상환하고도 수중에 돈이 남는다. 이런 경우 대출은 비즈니스를 위한 종잣돈이 되는 것이다.

아이에게 가르칠 때에는……

🧒 아빠, 이번 축제 때 붕어빵 가게를 하기로 했어요. 그래서 붕어빵

기계를 빌릴 돈이 필요해요.

알았어. 얼마나 필요하니?

전부 2만 엔 정도면 될 것 같아요.

그러면 빌려줄게. 끝나면 확실하게 갚아야 해.

축제가 끝난 후

아빠, 판매 금액이 3만 8,000엔이나 돼요! 빌린 2만 엔 갚을게요.

1만 8,000엔이나 이익을 내다니 대단한데.

내년에는 좀 더 많이 벌고 싶어요.

기대되는걸.

다음에는 두 배 큰 가게를 열고 싶으니까 4만 엔 정도 빌려야 할 것 같아요.

그래, 열심히 해봐.

4

돈의 구조를 배우면
무엇을 얻을 수 있을까?

💵 힘들여 번 돈이 부유층에게 점점 더 흘러가고 있다

돈, 즉 수입을 효율적으로 만들어내기 위해서는 좋은 대출을 해야 한다. 은행은 확실하게 상환해줄 신용이 있는 사람에게만 대출을 해주기 때문에 담보가 있는 부자에게는 돈을 더 많이 빌려준다. 그러면 그 사람은 새롭게 구입한 부동산에서 수익을 얻어 더 부자가 된다.

부자는 세계 경제가 성장하는 시기에 은행에서 돈을 빌려 더 높은 수익을 얻을 수 있는 곳에 투자함으로써 돈을 늘려간다. 반대로 열심히 일해도 그저 생활을 위한 소비에만 돈을 사용하면서 단순하게 은행에 저축을 하는 것만으로는 돈이 늘어나지 않는다. 인플레이션일 때는 시간이 흐르는 것과 동시에 상대적으로 저축한 돈의 가치가 줄어들기 때문이다.

이런 푸어 마인드의 사람들이 특히 저지르기 쉬운 전형적인 잘못은 인생의 시간을 들여 얻은 얼마 되지 않는 돈을 계약금으로 삼아 30~35년의 주택 자금 대출로 집을 사는 것이다.

그 대출에 들어간 이자는 어디로 흘러갈까? 그렇다. 바로 리치 마인드의 사람들에게 흘러간다. 리치 마인드의 사람들은 많은 신용을 최대한 활용하여 가능한 한 좋은 대출을 한 뒤 그 돈을 바탕으로 자산을 늘려간다.

푸어 마인드의 사람들이 땀 흘려 번 돈이 리치 마인드의 사람들에게 점점 더 흘러가는 것이다. 그리고 푸어 마인드의 사람들은 오늘도 여전히 이마에 땀을 흘리며 주택 자금 대출을 갚기 위해 열심히 일을 계속하고 있다.

아이에게 가르칠 때에는……

👦 아빠가 가지고 있는 건물 말이에요, 월세가 10만 엔이죠?

👨 집이 총 다섯 가구 있으니까 매월 50만 엔의 수익이 들어온단다.

🧑 관리 수수료나 세금 같은 필요 경비를 빼면 월 30만 엔 정도의 수익이 되는 거예요?

👨 그래. 다음 달에는 은행에서 돈을 빌려 또 다른 건물을 살 예정이야. 거기에서도 월세가 들어올 거야.

🧑 돈을 빌리면 큰 물건을 살 수 있고, 거기에서 더 많은 돈을 얻을 수 있는 거네요. 정말 굉장해요!

💵 대출에는 언젠가 한계점이 찾아온다

지금 전 세계적으로 대부분의 국가의 부채가 계속해서 증가하고 있다. 이렇게 대출의 금액과 지출을 늘려 경제를 성장시키는 것에는 한계가 있다. 그 한계가 70~100년 주기로 찾아온다고 하면 바로 지금이 그 시기라고 할 수 있다.

그리고 어쩌면 위기가 찾아와 경제는 급하강할 가능성도 높다. 경제 위기가 찾아오면 토지와 부동산의 가격이 폭락하고 은행이 빌려준 돈을 회수할 수 없게 되어 도산하는 금융 기관과 보험 회사가 생긴다. 개인은 수입이 줄어들어 대출을 상환할 수 없는 사람이 늘어난다.

반대로 리치 마인드인 사람은 자산을 싸게 구입할 수 있는 기회를 얻는다.

💵 돈의 정보가 날아 들어온다

지금까지 돈의 교육을 시작할 때 알아두어야 할 돈의 구조를 살펴보았는데, 생각보다 돈의 구조가 무척 간단하다는 사실을 알게 되었을 것이다. 이 기본을 이해하고 있는지 여부에 따라 텔레비전이나 인터넷 등에서 흘러나오는 경제 뉴스에 대한 이해도가 크게 달라진다.

지금까지는 실질 금리가 내려감에 따라 경기가 좋아지고 있다는 뉴스를 접했을 때 무슨 말인지 몰랐던 사람도 돈의 구조를 알게 되면 지금은 대출을 하기 쉬워졌기 때문에 거래가 늘어나고 경제가 활성화되었다고 이해할 수 있게 된다.

인플레이션율이 2퍼센트에 도달할 때까지 금융 완화를 계속할 것이라는 뉴스를 들으면 돈을 빌려 부동산을 살 기회라고 생각하게 된다. 소비세가 10퍼센트로 오른다면 지출 금액이 늘어 급여가 적은 사람과 연금 생활을 하는 사람에게 큰 타격이 될 것이라는 판단을 할 수 있고, 금융 완화를 더욱 확대시킨다는 말을 들으면 금리가 내려가서 대출을 하기 쉬워진다고 이해를 할 수 있게 된다.

혹은 주택 판매 광고지에 '계약금 없이도 가능', '저금리 시대가 기회'라는 카피를 읽었을 때 반응이 완전히 달라진다. 적어도 경제 뉴스를 피하고 채널을 바로 돌리는 부모는 되지 않을 것이다. 그런 변화가 가정 내에서 일어나면 자녀들도 자연스럽게 사회와 경제에 관심을 가지게 된다.

💵 소비자 물가 지수는 실제 상황을 보여주지 않는다

앞에서 인플레이션에 대한 이야기를 언급했는데 조금 더 자세히 설명해보겠다.

사실 인플레이션을 측정하는 지표로 삼아 일반적으로 공표되는 소비자 물가 지수CPI에는 충분하지 못한 부분이 있다. 이 소비자 물가 지수라는 일부의 측면만 보고 안심해서는 안 된다. 그 수치가 얼마큼 상승했는지 보는 것은 사실상 의미가 없다. 왜냐하면 소비자 물가 지수에는 들어가지 않는 항목이 있기 때문이다.

예를 들면 부동산 가격이다. 중앙은행이 돈을 많이 발행했을 때 자금이 최초로 흘러가는 자산이 부동산인데 소비자 물가 지수 안에는 자산 가격의 상승이 거의 반영되지 않는다. 대도시를 시작으로 토지 등의 부동산 가격은 계속해서 오르고 있다. 하지만 일반인은 자기 집을 마련하는 것 외의 투자 목적 부동산에는 관심을 돌리지 않는다.

또 부동산 가격이 점점 올라가면서 일반인이 부동산 투자에 진입할 벽이 더욱 높아졌다. 다시 말해 평범한 중산층은 부동산 등의 자산을 가질 수 없기 때문에 중산층에서 벗어나지 못한다. 이것이 첫 번째 문제라고 생각한다.

지금까지는 물가가 상승했다는 정보를 들으면 인플레이션이 일어나고 있다는 생각만 했을지 모른다. 하지만 경제 지표의 의미와 정의를 알고 있으면 어떤 물가가 오른 건지 생각할 수 있게 된다. 돈에 관한 지식이 깊어질수록 같은 뉴스를 들어도 다른 사실을 깨달을 수 있다.

이렇게 돈의 구조를 알면 일상에서 보고 듣는 정보를 받아들이는 방식이 완전히 달라진다. 지금까지 무엇부터 손을 대야 좋을지 몰랐다면 이제는 자연스럽게 무엇을 공부해야 할지 보이게 될 것이다.

자녀와 함께 배우는
돈의 역사

FINANCIAL LITERACY IS EVERYTHING

4장의 Summary

🐷 리치 마인드인 사람은 돈의 역사를 잘 알고 있다.

🐷 고대부터 지금까지 사람은 계속 대출로 거래를 해왔다.

🐷 돈을 너무 많이 발행하면
   인플레이션이 일어날 가능성이 있다.

🐷 돈의 룰체인지는 단기간에 일어난다.

🐷 1971년부터 대출을 바탕으로 하는 세계가 시작되었다.

🐷 70년 전과 현재의 경제 상황은 상당히 비슷하다.

Financial Education

1

돈의 역사를 배우면 미래가 보인다

현명한 사람은 역사에서 배운다

돈의 구조에 이어서 반드시 갖춰야 할 지식은 무엇일까? 그것은 바로 돈의 역사이다.

나는 학창 시절 역사 과목을 싫어했다. 암기할 내용의 향연이었기 때문이다. 인물, 연도, 전쟁의 명칭을 억지로 외워야 하는 것이 솔직히 시간 낭비라고도 생각했다.

하지만 30대 초반에 파산에 직면했을 때 전 세계에 있는 수많은 리치 마인드의 성공한 사람들을 연구하기 시작하면서 모든 사람에

게 공통점이 있다는 사실을 알게 되었다. 바로 성공한 사람들일수록 역사를 즐겨 공부하고 역사에 밝았다는 것이다.

'어리석은 사람은 경험에서 배우고 현명한 사람은 역사에서 배운다'는 명언이 있는데, 지금 생각해보면 나는 정말로 어리석은 사람이었다. 그리고 역사를 통해 인간이 오랜 시간 반복해온 성공과 실패의 패턴을 배우게 되면 자신이 실패할 가능성을 현격하게 낮추고 기회를 잡을 수 있다는 것을 깨달았다.

내가 특별히 주목한 것이 돈의 역사이다. 역사를 되돌아보면 가치를 나타내는 돈의 형태가 30~40년 주기로 변하고 있으며, 경제 상황은 70~100년 주기로 큰 전환기가 찾아온다는 것을 알 수 있다.

자녀를 키우는 세대가 겪은 돈에 대한 경험은 길어야 30년 정도이다. 다시 말해 자신이 경험한 세대의 돈에 대한 지혜와 성공 경험만을 아이들에게 가르친다고 해도 그다지 도움이 되지 않는다.

돈의 역사를 알아두면 세대를 뛰어넘어 과거에 일어났던 일을 바탕으로 지금 일어날 일의 결말을 예측할 수 있다. 또한 역사를 배우면 현대의 돈의 구조가 어떻게 탄생했는지도 알 수 있다.

앞에서도 이야기했듯이 현대의 돈의 구조는 신용을 사용한 대출로 얼마든지 새로운 돈이 만들어지는 시스템이 형성되어 있다. 이 구조는 자본 수입으로 부를 늘릴 수 있는 구조라고도 말할 수 있다. 돈의 역사를 살펴보면 이런 구조는 1971년 이후에 시작되었다.

이런 돈의 시스템이 탄생한 배경을 이해할 수 있느냐 없느냐에 따라 자본 수입을 늘릴 리치 마인드와, 열심히 일하여 저축하기만 하는 푸어 마인드의 차이가 생긴다.

　그런데 막상 돈의 역사를 공부하자고 마음먹더라도 배워야 할 것이 워낙 방대해 엄두가 나지 않을지 모른다. 어려워 보인다든가 무엇부터 봐야 좋을지 모르는 사람도 많을 것이다.

　이런 분들을 위해 이 책에서는 부모와 자녀가 함께 배워둬야 할 돈의 역사에 초점을 맞춰 간결하게 정리하고자 한다. 또한 앞장과 마찬가지로 자녀에게 가르칠 때 도움이 될 만한 에피소드를 소개하고 있으니 참고하기 바란다.

💵 돈의 역사는 대출의 역사

　일반적으로 돈의 역사라고 하면 생선과 고기를 교환하는 등의 물물 교환에서 시작하고는 한다. 하지만 물물 교환은 단점이 많았기 때문에 돌이나 조개껍질을 화폐처럼 사용하기 시작했고, 점점 금, 은을 비롯한 보석으로 진화하여 그 후 금속 화폐가 생겼다. 이후 인쇄 기술이 발전하면서 금속 화폐보다 싸게 만들 수 있고, 가벼워서 가지고 다니기도 편한 지폐가 탄생했다.

　하지만 이런 일반적인 돈의 역사 지식에서 중요한 내용이 빠져 있다. 그것은 대출이라는 개념이다. 돈의 역사를 깊이 들여다보면 물물 교환을 사용한 거래보다도 대출을 이용한 외상 거래가 더 많이 이루어졌다는 사실을 알 수 있다.

지금으로부터 5,000여 년 전 번영했던 고대 메소포타미아 문명에 대출에 관한 기록이 분명히 남아 있다. 실제로 5,000년 전 점토로 만들어진 차용서와 그것을 담은 봉투가 발견되었는데, 내용은 현대의 차용서와 거의 다르지 않다. 그 차용서에 적혀 있는 내용은 토지의 임대료로 특정 금액에 해당하는 밀과 금은을 지불한다는 것이었다. 같은 시기(기원전 2402년)에 원금, 이자와 복리의 개념을 표시하는 기록도 발견되었다. 그리고 대출에 의한 외상 거래를 할 경우는 상대에게 그 대출을 확실히 갚는다는 신용 여부가 중요했다. 현대의 신용 카드의 구조와 다르지 않았던 것이다.

'대출＝신용'에 의한 거래를 하기 위해서는 그 '대출＝신용'의 가치를 서로 무언가의 공통 인식이 있는 숫자로 표시할 필요가 있다. 그 숫자가 바로 돈이다. 다시 말해 '대출＝신용'이 없으면 돈은 생기지 않고 돈이 없으면 '대출＝신용' 거래도 할 수 없다.

돈의 역사는 '대출＝신용'의 역사 그 자체라 할 수 있는 것이다.

아이에게 가르칠 때에는……

옛날 사람은 어떤 돈을 사용했어요?

그림 4-1 돈의 역사와 대출의 역사

👤 신용 카드는 돈을 갚을 수 있다는 신용이 있으면 사용할 수 있다고 가르쳐줬던 거 기억하고 있니? 사실은 옛날 사람도 마찬가지로 신용으로 거래를 했단다. 누가 누구에게 얼마를 빌려줬는지에 대한 기록을 분명하게 해둔 것이 발견되었어. 옛날에는 종이가 없었기 때문에 점토나 돌 같은 것에 조각해서 기록을 남겼지.

👤 옛날이나 지금이나 신용이 굉장히 중요하네요!

👤 하지만 잘 모르는 사람에게 빌려주면 정말로 갚을지 걱정이 되겠지? 그러니 옛날에는 자신의 가족과 친구, 마을 사람이나 가까운 사람에게만 빌려주었어.

👤 그렇구나.

💵 빚을 탕감해주는 제도

몇 년 전, 어느 날 텔레비전을 보고 있는데 인상적인 광고 하나가 눈에 들어왔다. 광고는 다음과 같다.

컵에서 금방이라도 쏟아질 것 같은 물이 "아직 괜찮아……"라는 내레이션과 함께 천천히 흔들리고 있다. "대출을 너무 많이 받고 있지는 않습니까?"라는 질문이 흐르고 "아직 괜찮아"라는 말이 나오는 사이에도 물은 계속 흔들린다. 마지막에 "지나친 대출은~"이라는 말과 함께 '그만! 너무 많이 빌렸어'라는 문구가 흐른다.

소비자금융에서 지나친 대출에 대한 주의를 환기하기 위해 만든 공익 광고였다. 지금은 대출을 과도하게 하여 상환하지 못하게 되면 개인 파산이나 개인 회생이라는 제도를 이용하면 된다. 이 제도를 이용하면 대부분의 대출을 탕감할 수 있다.

사실 지나치게 빌리는 경향도, 지나치게 빌린 것을 탕감해주는 제도도 옛날부터 존재했다. 일본 역사에서도 자주 나오는 '덕정령(德政令)'은 국가가 돈을 빌린 사람들에 대해 빚을 탕감해주는 제도로 5,000여 년 전부터 시행되어왔다고 한다.

왜 탕감하는 제도가 있었을까? 대출금이 증가하면 다양한 문제가 발생하기 때문이다. 예를 들어 돈을 빌려준 측에 부가 집중되면 돈을 많이 빌린 사람들은 다시 일어설 수 없는 상태에 빠져 소득 격차가 커지고 사회가 불안정해진다. 그런 사태를 빚 탕감이라는 정책으로 다시 되돌려놓아준 것이다.

아이에게 가르칠 때에는……

😀 아빠, 개인 파산이 뭐예요?

🧑 대출을 너무 많이 해서 돈을 갚을 수 없게 된 상태를 개인 파산이라고 해.

😀 개인 파산이 되면 어떻게 돼요?

하지만……

현재는 경제 시스템이
복잡해졌기 때문에
무작정 탕감해주는
것은 곤란하다!

그림 4-2 빚을 탕감해주는 제도

👨 재판소에서 빚을 갚지 않아도 괜찮다는 말을 들으면 빚이 전부 없어진단다.

👦 우아, 그거 엄청난데요! 내가 미리 쓴 용돈도 전부 없었던 걸로 해주면 좋겠어요!

👨 안 돼. 갚을 수 있을 때 제대로 갚아. 그리고 개인 파산을 하면 빚은 없어지지만 신용도 없어져. 다시 말해 더 이상 돈을 빌릴 수 없게 된다는 거야.

👦 그건 안 돼요! 잘 갚을게요, 아빠.

💵 대출 주기의 패턴

그렇다면 지금은 어떨까?

경제가 성장하면 초반에는 생산성이 향상하는 좋은 대출이 증가하여 경제는 순조롭게 확대된다. 다만 머지않아 대출의 질이 점점 나빠지고 과소비가 늘어나 그 대출을 갚기 위해 더 대출을 하는(이것은 나쁜 대출이다) 악순환에 빠진다.

이런 상황에서 어떤 계기로 인해 공황이 일어난다. 공황이 일어나면 지금까지 받은 대출을 갚을 수 없게 되고 사회가 불안정해진다. 이때 국가는 ①지출을 줄인다, ②채무를 정리한다, ③부를 재분배(세금 정책)한다, ④돈을 발행한다, 라는 네 가지 정책의 적절한

조합을 실시한다.

지출을 줄이면 경제가 악화되어 디플레이션이 발생한다. 채무 정리는 특정 대출에 대해 기한을 늘려주거나 이자를 줄여주거나 부분적인 면제를 해주는 것이다. 채무 정리를 하면 빌린 쪽은 좋지만 빌려준 쪽은 손해를 본다. 이것도 디플레이션의 요인이 된다. 부를 많이 가진 사람들의 세금을 올려 부가 적은 사람들에게 재분배하는 정책도 나올 수 있다.

하지만 모두가 최종적으로 도착하는 곳은 대출 상환의 기초가 되는, 돈을 대량으로 발행하는 정책이다. 다만 대다수의 대출을 자국민에게 빌리고 있는 일본이나 미국 같은 나라는 돈을 발행하면 할수록 그 효과가 미미해져 격차는 계속 커지고 사회 불안이 확대된다.

자국 통화를 가지고 있지 않은 유럽의 나라들과 다른 나라 국민에게 대출을 받은 개발도상국 등에서는 인플레이션이 가속화되어 열심히 일해서 저축하는 사람들은 큰 타격을 받는다. 인플레이션이 급격히 진행되는 하이퍼인플레이션이 되면 사회가 불안정해지고 국가가 파탄을 맞는 일도 있다.

이렇게 좋은 대출과 나쁜 대출 이후에 공황과 급격한 인플레이션, 디플레이션을 겪은 후 다시 좋은 대출과 나쁜 대출이 일어나는 패턴이 반복해서 일어난다. 그리고 1913년을 경계로 이 주기가 한층 패턴화되고 더욱더 명확해졌다.

★대출 주기 패턴은 몇 번이고 반복되어왔다

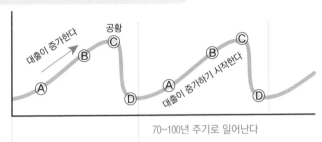

70~100년 주기로 일어난다

 좋은 대출

 나쁜 대출

Ⓒ 공황

Ⓓ 급격한 인플레이션, 또는 디플레이션(사회 불안)

★대출 상환 기초 자금으로 돈을 대량으로 발행한다

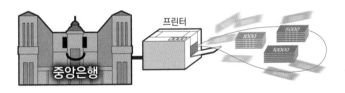

그림 4-3 대출 주기 패턴은 반복된다

아빠, 사람들이 돈을 많이 빌리면 어떻게 돼요?

대출을 지나치게 많이 하면 언젠가 갚을 수 없는 때가 온단다.

그러면 어떻게 되는 거예요?

국가는 대출을 갚기 위해 또 많은 돈을 발행해. 그러면 물건 가격이 급격히 비싸져서 사회에 혼란이 일어날 수도 있어.

아, 무서워.

그렇지. 폭동이 일어나거나 전쟁이 일어날 수도 있고.

정말 무서운 일이 생기는 거구나.

Financial Education

2

돈의 룰체인지는
빈번하게 일어난다

🔲 근대 돈의 역사에 있어서 중요한 전환기

종이돈, 즉 지폐는 7세기 무렵에는 중국에서 발행되었다고 전해
지고 있는데, 그 화폐 시스템은 충분한 규칙이 없어 불안정했다. 지
폐가 각국의 정부로부터 엄격히 관리되어 국가 단위로 통일된 지폐
가 사용된 것은 중앙은행이라는 기관이 생긴 후이다.

세계에서 가장 오래된 중앙은행은 1668년에 세워진 스웨덴의 중
앙은행이다. 그 후 1694년 영국 중앙은행이 설립되었고, 일본 중앙
은행은 1882년, 그리고 1913년에 미국 중앙은행(미국 연방준비제

도)가 생겼다. 한국의 중앙은행은 1950년 설립되었다.

중앙은행이 설립되기 전까지는 정부가 직접 돈을 발행했다. 또한 은행도 국립과 민간이 섞여 있었고 특별한 규칙도 없어 마음대로 돈을 발행했다. 당연히 돈의 가치가 안정되지 않고 급격한 인플레이션이 빈번하게 일어났다. 이런 가운데 마음대로 돈을 발행하지 않고 돈의 가치를 안정화하는 것이 중앙은행의 중요한 역할 중 하나였다.

그리고 세계에서 가장 영향력이 있는 미국의 중앙은행이 설립된 1913년을 기점으로 각국의 돈의 시스템이 서서히 통일되어갔다. 지폐를 안심하고 사용할 수 있게 된 것은 약 100년 전의 일이다. 안심하고 지폐를 이용할 수 있게 될 때까지 상당한 시간이 걸렸다는 것을 알 수 있다.

그런데 지폐는 안심하고 사용할 수 있게 되었지만, 지금도 여전히 돈의 시스템은 불안정한 상태이다. 이제부터는 돈의 시스템이 불안정해지는 이유를 자세히 알아보겠다.

아이에게 가르칠 때에는……

옛날 사람이 멀리 있는 사람에게 물건을 사거나 여행하던 중에 사고 싶은 게 생기면 어떤 돈을 사용했어요?

🧑‍🦳 가지고 다니기 쉬운 돌이나 조개껍질, 보석을 사용했지.

🧒 돌로 물건을 살 수 있었다니 신기해요.

🧑‍🦳 돌은 형태와 크기가 제각각 달랐기 때문에 나중에는 형태나 무게를 똑같이 만든 금화나 은화를 사용하게 되었어.

🧒 그렇구나.

🧑‍🦳 하지만 금과 은은 무게가 있으니 가지고 다니기가 무겁고 도둑맞을 수도 있겠지? 그래서 맡아주는 은행이 생겼단다.

🧒 은행이 옛날부터 있었군요.

🧑‍🦳 옛날 은행은 맡았다는 것을 증명하는 교환권을 맡긴 사람에게 주었어.

🧒 그럼 무거운 금이나 은을 가지고 다니지 않아도 가벼운 교환권만 가지고 있으면 원하는 물건을 살 수 있었네요.

🧑‍🦳 그렇지! 돈은 사실 최근까지는 금의 교환권이었어. 이제는 옛날과 달리 금을 교환할 수 없게 되었지만.

🧒 돈의 형태가 점점 변하는 것이 재미있어요!

💵 **금을 근거로 돈이 발행되었던 시대**

19세기 중반 이후 기축 통화는 그 무렵 세계의 패권을 쥐고 있던 영국의 돈, 파운드였다. 기축 통화란 세계에서 중심, 기준이 되는 돈을 말한다.

이 시대에는 각국에서 자신의 국가가 보유한 금Gold 이상으로 돈을 발행하는 것이 불가능했다. 다시 말해, 국가가 가지고 있는 금이 줄어들면 사용할 수 있는 돈도 적어지는 시스템이었다.

💵 돈의 룰체인지

제1차 세계대전으로 영국은 국력을 잃고 순식간에 미국이 강대국으로 등장하면서 파운드와 달러가 나란히 기축 통화가 되었다. 이것은 세계에서 미국의 권력이 더욱 강력해진 것을 의미한다. 그러면서 세계의 돈의 규칙이 변화했다. 바로 20달러분의 금만 있으면 50달러분의 돈을 발행할 수 있다는 규칙이다. 다시 말해 소유하고 있는 금의 양보다 2.5배 많은 돈을 발행할 수 있게 되었다.

그 이전까지는 돈이 필요해도 금이 없으면 발행할 수 없었지만, 이제는 이익을 많이 내고 있던 은행은 과도하게 많은 돈을 발행할 수 있게 되었다. 그러다가 돈을 회수할 수 없게 되어 연달아 도산하는 은행들이 늘어나자 1913년에 금융의 안정을 꾀하기 위해 미국의 중앙은행이 설립되어 세계의 돈을 집중적으로 관리하게 되었다.

시대	사건	배경	돈의 상태
7세기	중국에서 지폐가 탄생했다.	인쇄 기술이 발달하여 종이로 만든 지폐가 생겼다.	지폐로서는 불안정한 상태.
1668년	스웨덴 중앙은행이 탄생했다.	세계에서 가장 오래된 중앙은행으로, 실질적으로는 상업은행이었다.	지폐로서는 불안정한 상태.
1694년	영국 중앙은행이 탄생했다.	전쟁 이후 정부 재정 위기를 완화하는 목적으로 설립되었다. '정부의 은행' 역할을 기대한 민간 은행으로, 정부에 120만 파운드를 대출하여 설립했다.	지폐로서는 불안정한 상태.
1882년	일본 중앙은행이 탄생했다.	1877년 세이난 전쟁으로 일본 정부가 돈을 지나치게 발행하여 심각한 인플레이션이 일어났다. 이 상황을 정리하고 돈의 가치를 지키기 위해 설립했다.	지폐로서는 불안정한 상태.
1913년	미국 중앙은행(미국 연방준비제도)이 탄생했다.	보유하고 있는 금 이상으로 대출을 한 은행들이 연달아 도산하자 안정을 도모하기 위해 설립했다. 이것을 시작으로 전 세계가 돈을 집중적으로 관리하기 시작했다.	안심하고 지폐를 사용할 수 있는 시대가 되었다.
2009년	비트코인을 시작으로 하는 가상 화폐가 탄생했다.	2008년 리먼 쇼크가 일어났다. 지나친 대출로 1929년 이후 가장 심각한 불황에 빠진다. 정부의 의사에 좌우되지 않는 금융 시스템이 등장한다.	정부가 발행하는 화폐가 다시 불안정해질까?

표 4-1 지폐의 역사

💵 금과 교환할 수 있는 것은 달러뿐이다

시대는 더 흘러 세계는 제2차 세계대전을 겪게 되고, 이 전쟁으로 독일을 비롯한 유럽 각국과 일본은 큰 타격을 입는다.

반면 제2차 세계대전의 후반에 전쟁에 참여한 미국은 군사 물자를 판매하여 많은 돈을 보유하게 되고 경제적으로 윤택해져 더욱 힘을 얻게 되었다. 이때 세계에 유통되는 금의 3분의 2 정도를 미국이 보유했다고 한다.

그리고 1944년 전쟁에 승리하여 강국이 된 미국의 주도로 다시 돈의 룰체인지가 일어났다. 앞으로 오로지 달러만이 금과 교환할 수 있는 화폐라는 규칙이 만들어진 것이었다. 이것은 미국의 달러가 세계의 기축 통화가 됨으로써 세계 경제에서 미국이 우위가 되었다는 의미였다.

19세기 중반	영국의 파운드가 세계 기축 통화였다.	금을 기초로 돈을 만들어낼 수 있었다. (지폐는 금의 교환권)
제1차 세계 대전 ~	전쟁으로 모든 국가가 금과의 교환을 정지했다.	자유롭게 돈을 발행하여 대출이 가능하게 되었다.
제2차 세계 대전 종료	달러가 기축 통화가 되었다.	달러만이 금과 교환할 수 있는 통화가 된다. (금 1온스=35달러)
1971년~	'달러 쇼크' 미국이 대출을 너무 많이 하여 독단적으로 금과의 교환을 정지시킨다. 대출이 폭발적으로 늘어나기 시작했다.	자유롭게 돈을 발행하여 대출이 가능하게 되었다.

표 4-2 돈의 룰체인지는 빈번하게 일어났다

3

돈이 종잇조각이 된
세계 경제의 최대 전환기

🔲 전쟁이 일어날 때마다 돈의 가치는 떨어졌다

시대는 더 흘러 1950년에 한국에서 6.25 전쟁이 일어났고, 1955년에는 베트남 전쟁이 발발했다. 이 무렵 미국은 거액의 군사비를 물 쓰듯이 썼다. 즉 낭비를 많이 한 것이다.

그런데 전쟁이 길어지면서 군사 물자를 사기 위한 더 많은 돈이 필요하게 되었다. 이 시기 기축 통화는 미국 달러였는데, 세계 각국이 미국 달러를 기축 통화로 용인한 이유는 보유하고 있는 금의 양 이상으로 돈을 발행하지 않을 것이라는 암묵적인 합의가 있었기 때문이었다. 하지만 미국은 마음대로 그 이상의 돈을 발행했다. 자신들이 만든 규칙을 스스로 깨고 돈을 계속 찍어낸 것이다.

또한 1950년대는 서구 각 나라와 일본이 전쟁 후 부흥에 힘쓰던 시기로 각 나라가 경제 성장을 시작하면서 미국의 무역 적자가 커졌다. 미국 달러가 해외로 유출되고 얼마 지나지 않아 미국 이외의 국가가 보유하는 달러가 미국이 보유하는 금의 양보다 훨씬 많아지는 사태가 발생했다.

그러면 이제 어떤 일이 일어날까? 이전까지는 보유하고 있던 금의 양이 화폐의 양을 억제하는 작용을 했으나 그 억제가 사라진 것이다. 달러의 신뢰성이 사라졌기 때문에 신뢰의 원천인 금을 다시 사들이는 움직임이 일어났다. 그렇게 하여 미국에서 점차 금이 유출되었고, 미국이 보유하던 금의 절반 이상이 줄어들었다.

이대로 금과 교환을 계속했다가는 미국에서 금이 사라져버릴 것이라고 생각한 미국은 앞으로는 달러를 금과 교환하지 않겠다고 선언한다.

이렇게 다시 룰체인지가 일어났다. 다시 말해 '당신이 가지고 있는 달러는 내일부터 금으로 교환할 수 없습니다'라는 의미였다. 금의 교환권이었던 달러가 한순간 종잇조각이 된 것이다. 이것이 달러 쇼크이다. 하지만 당시에는 강국의 위치에 있는 미국이 하는 말이었기 때문에 어찌할 도리 없이 모두가 받아들일 수밖에 없었다.

그리고 몇 년 후 미국은 중동의 각 나라에 석유 매매를 달러로만

한정하게 해달라고 요청한다. 이전까지 금과 교환성을 가지고 있던 달러가 석유와의 교환성을 가지게 되었다. 세계의 어느 나라도 석유가 없으면 살아남을 수 없었기 때문에 이때부터 석유를 통한 달러의 수요가 생겨났다.

📺 1971년부터 세계 경제는
대출을 바탕으로 한 세계가 되었다

다양한 돈의 룰체인지가 일어났다고는 하지만 1971년 이전까지는 금을 바탕으로 돈을 발행하는 양이 제한되어 있었다. 그때까지는 자유롭게 돈을 만들 수 없었던 것이다.

그런데 1971년의 달러 쇼크 이후 금을 가지고 있지 않아도 간단하게 돈을 발행할 수 있게 되었다. 앞에서 돈의 구조에 대해 이야기했듯이 현재 돈의 시스템은 바로 이때부터 시작되었다. 또한 이 무렵부터 세계적으로 대출의 양도 급속하게 증가한다. 각국이 자국의 경제에 맞는 양의 화폐를 제한 없이 발행할 수 있게 되었지만, 그 결과 각국이 꺼안게 된 대출도 폭발적으로 증가하게 되었다.

아이에게 가르칠 때에는……

🧒 좀 전에 아빠가 중앙은행이 지폐를 발행한다고 했는데, 돈이 필요하면 계속 발행해도 괜찮은 거죠?

👨 사실은 50년 정도 전에는 마음대로 돈을 발행해서는 안 됐단다.

🧒 왜요?

👨 50년 정도 전까지는 각각의 나라가 가지고 있는 금의 양보다 많은 돈을 발행하면 안 된다는 규칙이 있었거든.

🧒 그럼 지금은 그 규칙이 없어졌어요?

👨 그렇지. 지금은 각 나라의 정부가 판단해서 돈을 얼마든지 발행할 수 있게 되었단다.

🧒 그러면 우리나라가 돈을 많이 발행해서 모두에게 나눠주면 모두가 부자가 되는 거 아니에요?

👨 돈을 많이 발행하면 전 세계에 돈이 많이 돌게 되니까 부자가 된 기분이 들지도 몰라. 하지만 돈을 많이 사용할 수 있게 된다는 건 대출이 엄청 늘어나게 되는 일이기도 해. 혹은 물건의 가격이 올라가는 일이기도 하지. 예를 들어 100엔이었던 주스가 200엔이 되거나 300엔이 되기도 한단다.

🧒 그러면 힘들어질 것 같아요.

💵 지폐의 신용이 크게 흔들린 시기

그리고 현대가 되어 다시 돈의 룰체인지가 크게 일어났다. 바로 비트코인을 비롯한 가상 화폐의 등장이다. 개인적으로 비트코인은 국가가 발행하는 통화의 안정성에 대한 불안감으로 인해 등장한 것이라고 보고 있다.

예를 들어 2008년에 일어난 리먼 쇼크로 미국에서는 대량의 지폐를 발행했다. 그리고 순식간에 지폐에 대한 불안이 전 세계로 확산되었다. 그렇게 2009년이 되어 정부의 의향과 경기 동향, 혹은 금융 기관의 이익 추구에 좌우되지 않는 이른바 공정한 화폐 시스템을 만들어야 한다는 움직임이 나오기 시작했다.

지금까지 100년 동안의 돈의 역사를 대략적으로 살펴보았다. 다음으로 역사 속에서 현재와 과거의 공통점을 살펴보자.

아이에게 가르칠 때에는……

👦 비트코인이 뭐예요?

🧑 지폐처럼 중앙은행이 발행하는 돈이 아닌, 일반인이라도 절대로 바꿀 수 없는 규칙을 지킨다면 만들 수 있는 돈이야.

👦 우아, 그러면 나도 비트코인을 만들 수 있어요?

🧑 규칙을 확실하게 지키면 만들 수 있어. 앞으로는 비트코인처럼 직접 만지지 못하는 돈을 사용하는 것이 당연해질 거야.

🧒 종이로 된 돈이 사라진다는 거예요?

🧑 그럴 가능성도 있지.

지금이 100년에 한 번 오는 전환기, 큰 위기이면서 기회이기도 한 이유

💵 돈의 역사는 반복된다!

현재 경제 상황은 1939년과 상당히 비슷하다. 1939년과 현재 각 국의 신문 기사를 보면 고유 명사는 다르지만 거의 같은 내용이 나온다.

어떤 점이 비슷할까? 1939년에는 각국이 경쟁하는 듯이 돈을 많이 발행하여 경제가 좋아진 것처럼 보였기 때문에 각 나라의 국민도 기뻐했다. 그 직후에 태평양전쟁이 발발했다.

이 책을 쓰고 있는 현재 세계 경제 상황도 바로 그때와 같은 모습이다. 각국이 믿을 수 없을 정도로 금리를 낮추고 돈을 많이 발행하고 있다. 경기도 의외로 괜찮고 주가도 오르고 있다. 그뿐만이 아니다. 현재 각국의 금리, 중앙은행의 대차대조표, 빈부 격차, 채무 상황 등 돈의 상황을 보여주는 각종 지표가 1939년과 비슷하다. 이런 경제 지표가 비슷하다는 것은 당시와 같은 일이 일어날 가능성이 높다고 판단할 수 있는 근거가 된다.

참고로 1930년대 초반의 대불황과 2008년의 리먼 쇼크 때에는 다음과 같은 사항이 비슷했다.

① 대출 금액이 최고점에 달했다. (1929년과 2007년)

② 금리가 0이 되었다. (1931년과 2008년)

③ 돈을 발행하는 속도가 빨라졌다. (1933년과 2009년)

　또 1929년의 세계 공황으로 시작된 1930년의 대불황과 2008년의 리먼 쇼크 후에는 금리를 낮추고 돈을 발행하여 대출을 늘리는 정책이 시행되었다. 그러자 다음과 같은 일이 일어났다.

④ 대공황 이후 주가와 금융 자산이 상승했다. (1933년~1936년과 2009년~2017년)

⑤ 대공황 이후 경제가 전체적으로 상승했다. (1933년~1936년과 2009년~2017년)

⑥ 금융 긴축(금리를 올려 대출을 줄이고 돈의 발행을 멈춤)에 따른 정체. (1937년과 2018년)

⑦ 다음 공황은 언제일까? (1937년 이후와 2019년~?)

	1939년	현재
① 대출 금액이 최고점에 달했다	1929년	2007년
② 금리가 0이 되었다	1931년	2008년
③ 돈을 발행하는 속도가 빨라졌다	1933년	2009년
④ 대공황 이후의 주가와 금융 자산 상승	1933년~1936년	2009년~2017년
⑤ 대공황 이후의 경제 전체 상승	1933년~1936년	2009년~2017년
⑥ 금융 긴축에 따른 정체	1937년	2018년
⑦ 다음 공황은 언제일까?	1937년	2019년~?

대공황! 그리고 전쟁이 일어났다

표 4-3 1939년과 현재의 경제 상황이 비슷한 점

출처 Felder Report(http://thefelderreport.com)

그림 4-4 1937년 미국 주가와 현재 주가의 그래프가 비슷하다

　그림 4-4의 그래프에서 갈색 선은 1937년까지(1937년이 주가 최고점이다)의 미국 주가이다. 그리고 검은 선은 지금 현재 미국의 주가이다. 그래프가 거의 같은 모습을 보이고 있는데, 이대로 간다면 1937년과 마찬가지로 앞으로 주가는 40퍼센트 정도 떨어질, 다시 말해 공황이 올 가능성이 있을 것으로 판단된다.

💵 언제라도 공황이 올 수 있는 상황이다!

전문가들은 언제라도 공황이 일어날 수 있는 상황이라고 입을 모아 말한다.

1929년에는 세계 대공황이 일어났다. 세계 대공황이란 한 나라에서 일어난 공황이 다른 나라로 차례차례 파급되는 현상을 말한다. 마찬가지로 2008년, 즉 약 10여 년 전에 리먼 쇼크를 계기로 세계금융위기가 일어나 전 세계가 충격을 받았다.

세계 규모의 위기가 일어나면 전 세계의 사람과 기업의 신용이 순식간에 사라진다. 그러면 아무도 돈을 빌려주지 않는다. 아무도 돈을 빌리지 못하면 자금 융통이 막혀 파산하는 개인과 도산하는 기업이 늘어난다. 그러면 개인의 수입이 감소하고 기업의 수익도 감소하기 때문에 소비와 투자가 침체된다.

파산과 도산이 동시에 일어나면서 경제 전체의 거래 주체가 줄어들어 거래도 감소하기 때문에 경제는 순식간에 정체된다. 경제가 정체되면 그 악영향이 줄줄이 일어난다. 대출을 받은 측에서 상환을 하지 못하게 되고 새로 대출을 받을 곳이 사라지면 은행은 손실이 발생하고 도산한다. 은행이 도산하면 돈을 빌려줄 주체가 사라지기 때문에 개인과 기업의 자금 융통이 더 어려워진다. 그러면 소비와 투자가 줄어들면서 경제는 정체된다. 이 악순환이 대공황을 일으키는 것이다.

무엇을 계기로 100년에 한 번 찾아온다는 대폭락이 일어나는지는 알 수 없다. 어느 나라의 분쟁일 수도 있고 어느 금융 기관의 도산일 수도 있다. 혹은 어느 나라의 디플레이션(재정 파탄)이 계기일 수도 있다. 무엇이 계기가 될지 예상하기는 어렵지만 나는 5년 이내에 다음 공황이 올 것이라고 보고 있다.

공황이 올 경우에는 큰 기회와 위기가 함께 찾아온다. 공황이 기회가 된다는 것은 의외로 여겨질지 모르지만, 경제에 있어 위기와 기회는 밀접한 관계가 있다. 이 경우 기회란 공황이 일어나면 주가가 폭락하는 것이다. 이것은 주식의 할인 판매가 시작되는 것과 마찬가지다. 다시 말해 더 이상 떨어질 곳이 없을 만큼 낮은 가격까지 떨어지기 때문에 주식을 새로 사려는 사람들에게는 큰 기회가 된다.

반면 위기도 찾아온다. 공황으로 시장이 혼란스러워지면 부동산과 주가가 하락해 회사가 차례차례 도산한다. 그 결과 많은 사람이 직장을 잃고 주식 등의 금융 자산의 가치도 떨어진다. 경우에 따라서는 저축을 하던 은행이 도산할지도 모른다.

그리고 대부분의 사람이 아무런 대책이 없는 상태로 힘든 상황에 직면하게 될 것이다. 만약 지금 자신들이 어떤 상황에 있는지 알지 못하고 또 앞으로 일어날지도 모를 위기와 기회에 대비하지 않는다면 큰 타격을 입을 것이다.

👨 지금은 돈의 시스템이 변하는 시대란다.

🧒 시스템이 변한다고요?

👨 그래. 지금까지 당연하게 사용했던 지폐나 동전 같은 돈이 사라질
지도 모르는 전환기이지.

🧒 그러면 어떤 일이 일어나는데요?

👨 그건 아무도 몰라. 하지만 돈에 대해 공부해두면 어떤 일이 일어나
도 대비할 수 있지.

🧒 네! 저도 돈에 대해서 더 잘 알아두고 싶어요.

👨 좋아. 그럼 아빠와 함께 좀 더 공부해볼까?

💵 T에 머물러 있으면 큰 위기!
I의 마인드가 있다면 큰 기회!

앞으로 세계가 어떻게 될지 확실히 아는 이는 아무도 없다. 앞으
로도 계속해서 큰 공황 없이 평화롭게 살아갈 수 있을지 모르고,
나 역시도 그러기를 바라고 있다.

하지만 세계 경제와 국제 정세가 어떻게 변할지 정확히 예측하는
것은 정말 어려운 일이다. 물론 국내 사회가 어떻게 변해갈지도 예

측할 수 없다. 우리 생활이 완전히 달라질 만한 일이 세계 어디에선 가 일어날지도 모른다.

반면 한 사람 한 사람의 경제 활동을 본다면 빌린 채무는 언젠가 는 갚아야만 한다는 것은 확실하다. 채무를 갚을 방법은 강제적으 로 말소하든가 인플레이션으로 화폐 가치가 떨어지는 것을 기다려 상환 부담을 줄이는 것밖에 없다.

이런 경우에 E와 S의 사람들이 가장 큰 부담을 안게 된다. 세금 이 올라가거나 심각한 인플레이션이 일어나 저축한 돈의 가치가 폭 락하면 생활에 큰 타격을 입기 때문이다. 게다가 많은 직업이 AI 기 술로 대체되면 일자리를 잃어버릴 수도 있다. 반면 B의 리치 마인 드를 가진 사람은 새로운 기술 혁신을 사용하여 비즈니스를 이어가 고, 높은 생산성을 가질 수 있다. 또한 I의 리치 마인드를 가진 사람 도 지폐가 아닌 다른 형태의 자산을 가지고 있기 때문에 공황이라 는 위기를 헤쳐나갈 수 있다. 오히려 큰 기회를 잡을지도 모른다. 주 식이나 부동산 등 자산의 할인 판매가 시작되기 때문이다.

공황이 일어나면 주가가 폭락하기 때문에 낮은 가격에 주식을 살 수 있다. 다시 말해 현재의 돈의 시스템이 붕괴될 때 E와 S의 푸어 마인드를 가진 사람들은 대처할 방법이 없다. 따라서 언젠가 일어날 공 황에 대비하여 I의 리치 마인드를 키워가야 한다.

5

돈의 본질을 꿰뚫어 보는
안경을 끼고 새로운 세계를 보자

자녀와 함께 돈의 역사를 배우는 방법

지금까지 이야기해온 돈의 역사를 직접 아이들에게 가르치기는 어렵게 느껴질지도 모른다. 하지만 우선은 부모가 배운 내용을 조금씩이라도 아이에게 이야기해주는 것부터 시작했으면 한다.

돈의 역사와 경제에 관한 간단한 책을 읽는 것도 추천한다. 유튜브 영상을 이용해봐도 좋다. 지금은 수많은 영상을 손쉽게 시청할 수 있는 시대이다. 우리 집에서는 초등학생인 아들과 함께 버블 경제나 세계 공황, 1차, 2차 세계대전 등에 관한 다양한 영상을 보고 있다.

물론 아이가 아직 어리다면 영상에서 나오는 말을 정확하게 이해하기는 어려울 것이다. 그렇지만 영상이 가진 힘은 상당히 크다. 어린이들은 영상에서 받은 인상으로 다양한 것을 생각하게 되기 때문이다.

영상 안에는 부유한 부자가 나오기도 하고 가난한 사람들이 나오기도 한다. 지금도 세계에는 부유한 사람과 가난한 사람이 있고, 여전히 세계 여기저기에서 전쟁과 분쟁이 일어나고 있다. 왜 싸움이 일어날까? 이런 이야기를 나누면 역사에서 많은 것을 배울 수 있다.

또한 중학생과 고등학생 자녀라면 어째서 이런 상황이 일어났는지, 현재 우리나라의 모습과 세계의 상황과 닮은 부분은 없는지에 대해 이야기를 나누다 보면 부모 역시도 많은 것을 배울 수 있다.

💵 돈의 구조와 역사를 배울 수 있는 책과 영상

◎ **책**

『예정된 전쟁 : 미국과 중국의 패권 경쟁, 그리고 한반도의 운명』
그레이엄 앨리슨 지음, 세종서적
『부채, 첫 5,000년의 역사 : 인류학자가 고쳐 쓴 경제의 역사』 데

이비드 그레이버 지음, 부글북스

『21세기 자본』 토마 피케티 지음, 글항아리

『The Escape from Balance Sheet Recession and the QE Trap
: A Hazardous Road for the World Economy』 Richard C. Koo,
국내 미출간

◎ 유튜브 영상

〈How The Economic Machine Works(경제가 작동하는 원리)〉
레이 달리오 제작

〈140Years Of History in 10Minutes(10분 안에 배우는 140년 돈
의 역사)〉 마이크 말로니 제작

〈Hidden Secrets of Money(돈의 비밀 시리즈)〉(총10화) 마이크
말로니 제작

〈Money as Debt I(빚으로서의 돈)〉 폴 그리뇽 제작

💵 돈의 정체가 보이는 안경을 선물하자

돈의 구조와 돈의 역사는 아이들에게 돈의 교육을 시작하기 전에 부
모가 가장 먼저 알아둬야 할 중요한 돈과 관련된 지식이다. 이런 기본
적인 돈의 지식을 가지고 있으면 지금까지 보이지 않았던 것이 보

이기 시작한다.

또한 부유한 사람들만 보던 세계가 우리에게도 보이게 될 것이다. 그리고 새롭게 보이는 세계를 통해 자녀와 함께 돈에 대해 더 많은 것을 공부하기를 바란다. 부모가 우선 돈의 본질을 파악하는 안경을 끼고 자녀들을 이끌어주어야 한다. 그리고 자녀에게 그 안경을 선물해주는 것이다.

가정에서 할 수 있는
돈의 교육, 실전편

FINANCIAL LITERACY IS EVERYTHING

5장의 Summary

- 대차대조표 속 자산의 여부가 중요하다.

- 자기 소유의 집은 자산이 아니라 부채다.

- 수입의 일부를 미리 떼어내 투자로 돌린다.

- 일상생활 속에서 돈에 대해
  긍정적으로 이야기한다.

- 연령에 맞춰 돈에 대한
  흥미와 관심이 커지도록 도와준다.

1

가정의 '돈 성적표'를 만들어본다

가정의 '돈 성적표'를 살펴보자

가정에서 돈의 교육을 시작하기 위해서는 우선 가정의 상황을 파악해야 한다. 왜냐하면 경제적 자유, 즉 안심과 자유가 있는 생활이라는 목표를 달성하기 위해서는 지금 자신이 어떤 출발 지점에 있는지 이해해야 하기 때문이다.

출발 지점이란 현재 가계의 상황을 말한다. 가계의 상황을 알면 목표에 도착하기까지 무엇이 부족한지, 무엇을 하면 좋은지를 자연스럽게 알 수 있다. 이것은 가계의 수입과 지출의 상황을 표시하는 손익계산서와 자산과 부채 상황을 표시한 대차대조표로 확인할 수 있다.

손익계산서와 대차대조표는 가계의 돈 성적표와 같다. 이 두 가지 지표에 따라서 얼마나 안심과 자유가 있는 생활을 하고 있는지 일목요연하게 정리할 수 있다.

아이들의 학교 성적표는 신경 쓰지만 가정의 돈에 대한 성적표를 확인해본 적이 있는 사람은 적을 것이다. 부모가 가계의 성적표를 체크할 수 있으면 자녀와 함께 파이낸셜 리터러시는 비약적으로 향상하기 때문에 반드시 작성해보기 바란다.

💵 손익계산서와 대차대조표를 만들어보자

우선은 다음 두 가지(A씨네 집과 B씨네 집) 예시를 통해 손익계산서와 대차대조표를 만드는 방법과 읽는 방법을 설명한다.

• A씨네 집

아버지(30대 초반) 연봉 480만 엔. 어머니(20대 후반) 주 3일 파트타임 근무 연 수입 96만 엔. 집은 아파트 임대, 유치원과 초등학교에 다니는 자녀 두 명.

교육비에 매월 8만 엔 정도 들어간다. 생명 보험과 학자금 보험에 가입한 상태이고, 저축이 약 300만 엔 있지만 주식과 투자 신탁 등

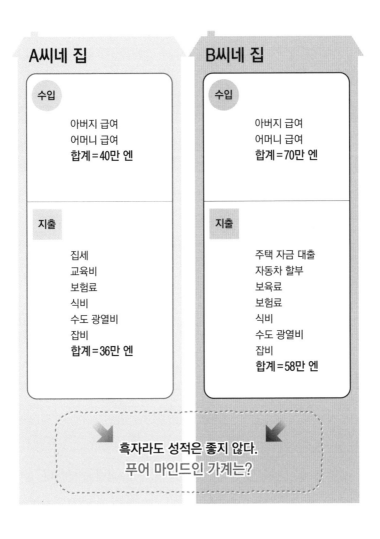

A씨네 집

수입

아버지 급여
어머니 급여
합계＝40만 엔

지출

집세
교육비
보험료
식비
수도 광열비
잡비
합계＝36만 엔

B씨네 집

수입

아버지 급여
어머니 급여
합계＝70만 엔

지출

주택 자금 대출
자동차 할부
보육료
보험료
식비
수도 광열비
잡비
합계＝58만 엔

흑자라도 성적은 좋지 않다.
푸어 마인드인 가계는?

그림 5-1 A씨네 집과 B씨네 집의 수입과 지출을 알 수 있는 손익계산서

의 금융 자산은 없다.

일본 가구 연평균 소득은 540만 엔 정도이기 때문에 A씨네 집은 평균적인 소득이 있는 가정이다.

• B씨네 집

아버지(40대 초반) 연봉 약 800만 엔. 어머니(30대 후반) 파트타임 근무 연 수입 약 360만 엔. 유치원에 다니는 자녀 한 명.

1년 전에 계약금 500만 엔을 내고 4,500만 엔의 30년 주택 자금 대출을 받아 주택을 구입했다.

현재 저축은 약 200만 엔. 생명 보험과 학자금 보험에는 가입하지 않았지만 금융 자산은 없다.

B씨네 집은 매월 수입이 평균 가구 소득보다 많고 생활에도 여유가 있어 보이는 가정이다.

우선 대차대조표를 만들어보자(그림 5-1 참조). 가정의 돈 중에서 들어오는 돈(수입)과 나가는 돈(지출)을 살펴본다.

회사 등에서 매월 받는 급여와 보너스는 수입에 해당한다. 급여 외에 부업으로 수입이 있다면 그것도 수입으로 분류한다. 반면 집세나 식비, 수도 광열비, 교육비, 보험료 등 나가는 돈은 지출에 넣는다. 위쪽에 있는 수입이 아래쪽에 있는 지출보다 크면 흑자고 적으면 적자다.

A씨네 집의 매월 평균 가구 소득은 약 40만 엔, 지출은 약 36만 엔이다. B씨네 집의 매월 평균 가구 소득을 약 70만 엔, 지출은 약 58만 엔이다.

두 가정 모두 손익계산서 수지는 흑자이다. 그런데 안타깝게도 이것만으로는 좋은 성적이라고 할 수 없다. 다시 말하면 경제적 자유라는 목표에는 도달하지 못한 것이다.

그렇다면 대체 무엇이 부족할까? 부족한 부분을 알기 위해서 파악해야 할 것이 대차대조표이다(그림 5-2 참조). 대차대조표를 보면 가계의 자산과 부채 상황을 파악할 수 있다. 왼쪽이 자산, 오른쪽이 부채, 자산에서 부채를 뺀 것이 순자산이다. 가계 중에서 무엇이 자산에 해당하고 무엇이 부채에 해당하는지 생각해보자.

💵 자신의 가계에 자산이 있는가?

두 가지 예시 모두 흔히 볼 수 있는 가정의 가계처럼 보인다.

하지만 양쪽 모두 파이낸셜 리터러시가 낮은 가정, 다시 말해 푸어 마인드인 가계의 전형적인 예이다. 가계 중에 저축 이외의 자산이 없기 때문이다.

리치 마인드의 가정은 자산을 다음과 같이 파악한다.

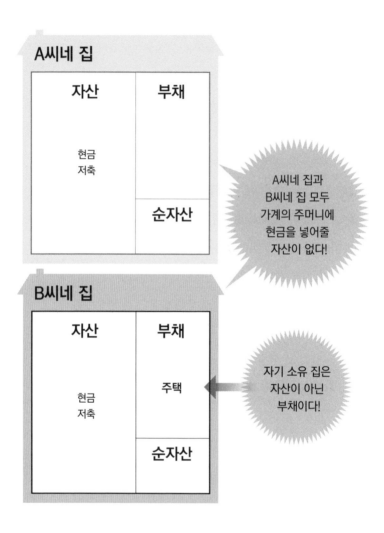

그림 5-2 A씨네 집과 B씨네 집의 자산과 부채를 알 수 있는 대차대조표

- 자산이란 주머니(가계)에 현금을 넣어주는 것.
- 부채란 주머니(가계)에서 현금을 빼가는 것.

주머니(가계)에 현금을 자동적으로 넣어주는 자산이 있는지의 여부가 푸어 마인드와 리치 마인드의 차이이다.

아무리 가구 소득이 많더라도, 또 아무리 저축을 많이 하고 보험에 들었더라도 주머니(가계)에 현금을 넣어주는 자산을 가지고 있지 않으면 안심과 자유가 있는 생활은 손에 넣을 수 없다.

💵 구입한 집은 자산이 아닌 부채

왜 자기 소유의 집은 자산이 아닌가? 이렇게 생각하는 사람도 있을 것이다. 하지만 주택 자금 대출을 받아 구입한 경우의 집은 자산이 아닌 부채다. 자신의 주머니에서 돈이 나가기 때문이다.

집은 자산이 된다거나 노후를 위해서 필요하다는 생각으로 집을 사는 사람이 무척 많지만, 일반인이 구입할 수 있는 부동산 물건의 대부분은 구입한 직후부터 가치가 떨어져 몇 년이 지나면 거의 값어치가 없어진다. 다시 말해 오랜 세월 대출 상환에 쫓길 뿐인 고액의 부채가 된다.

아이가 태어나면 주택을 구입하는 것을 고려하는 사람이 적지 않다. 아이에게는 가능한 한 좋은 환경을 만들어주고 싶다는 부모의 마음은 나도 가슴 아플 정도로 이해한다. 1장에서 이야기했듯이 나도 결혼한 직후에 주택을 구입했기 때문이다. 하지만 그것은 고액의 부채라는 크나큰 실패로 다가왔다.

20년, 30년이라는 오랜 기간에 걸친 주택 자금 대출은 확실하게 자유를 빼앗기는 부채가 된다. 왜냐하면 지금까지 몇 번이고 반복하여 봐왔듯이 현재는 근속 연수와 나이에 맞춰 연봉이 올라가거나 회사가 30년간 존속한다는 보장이 없기 때문이다.

이렇게 취약한 수입 상황에서 30년 상환으로 수천만 엔을 대출받아 부채를 껴안는 것은 무척 위험한 일이다. 다시 말해 인생의 안심과 자유를 빼앗기는 일이 된다. 그래도 내 집을 원한다면 그것을 선택하는 것은 자신의 자유다.

하지만 리치 마인드의 발상에서 본다면 자기 소유 집은 자산이 아닌 부채다. 큰 부채를 안고 있으면 자연스럽게 안심도 자유도 사라진다. 안심과 자유가 있는 가계의 성적표에는 자신의 가계(주머니)에 돈을 계속 넣어줄 자산이 필요하다.

그렇다면 어떻게 하면 자산을 가질 수 있을까.

2

투자를 위해
자산을 늘리려면

6개월분의 생활 자금 이외의 저축은 투자로 돌린다

우선 투자를 시작하기 위한 자금 확보부터 시작해야 한다. 저축이 있는 사람은 그 금액을 확인해보자. 어쩌면 저축을 지나치게 하고 있을 가능성도 있다.

일본인의 개인 금융 자산은 1,800조 엔이나 되는데, 절반 이상인 52퍼센트가 저축이라는 조사 결과가 있으며, 한국의 경우에는 저축이 차지하는 비율이 약 45퍼센트이다. 반면 미국은 13퍼센트, 영국과 프랑스 등 유럽 선진국은 20~30퍼센트대이다. 이 숫자에서 알 수 있듯이 일본과 한국은 과도하게 저축에만 의존하는 사람이 많다.

그런데 저축만으로는 안심할 수 있는 자산이 되지 않는다. 3장에서 이야기했듯이 시간과 함께 현금의 가치는 줄어들기 때문이다. 물론 저축은 중요하지만 과잉의 저축은 의미가 없을 뿐만 아니라 아까운 일이다. 넘치는 부분은 자산을 만드는 자금으로 적극적으로 돌리자.

생활 자금의 6개월분을 기준으로 잡고 이를 확보했다면 나머지는 투자로 돌린다. 예를 들어 A씨네 집의 경우는 저축이 300만 엔인데, 한 달 생활비가 36만 엔이면 6개월 생활비는 216만 엔이므로 나머지 약 80만 엔을 투자로 돌릴 수 있다.

💵 수입의 일부를 투자로 돌린다

게다가 자산을 만들기 위해서는 수입의 일부를 투자로 돌리는 것도 필요하다. 가계의 손익계산서의 지출 부분을 보고 불필요한 소비가 있다면 줄여야 한다. 특히 불필요한 보험에 많이 들어 있지 않은지 다시 한번 살펴볼 필요가 있다.

또 세금을 줄일 수 있는 부분이 있다면 적극적으로 줄이도록 한다. 투자를 위한 자금을 만드는 방법으로 수입의 일부를 자동적으로 미리 떼어놓는 방법을 추천한다. 미리 정한 금액을 투자로 돌리는 것이다.

① 지출 중에
불필요한 소비를 줄인다.

② 수입에서 투자를 위한 자금을
미리 떼어놓는다.

③ 개인형 연금 펀드 상품을 활용한다.

④ 개인 투자자를 위한
세금 우대 제도를 활용한다.

그림 5-3 자산을 만들기 위한 4단계

3

자녀에게 돈에 대해
가르칠 때의 마음가짐

이제 자녀의 나이에 맞춰 돈의 교육을 하는 실전 방법에 대해 이야기해보겠다. 실제로 우리 집에서 하고 있는 방법과 많은 리치 마인드의 부모들이 하고 있는 방법이다.

다만 그전에 자녀의 연령과 상관없이 돈에 대해 가르칠 때 공통적으로 갖춰야 할 마음가짐이 있다. 우선 그 부분부터 살펴보도록 하겠다.

💵 긍정적인 표현을 사용한다

투자를 하고 싶어도 그럴 만한 돈이 없다든가 바빠서 투자를 공부할 시간이 없다고 말하는 사람이 많다. 그런 분들에게는 매일 사용하는 말의 표현을 조금 바꿔보는 훈련을 추천한다.

우리는 말할 때 자신의 경험을 떠올리며 무의식적으로 정보를 삭제, 왜곡, 일반화한 표현을 사용한다. 예를 들어 시간이 없다고 말한 경우 정말로 시간이 없었는지 생각해보자. 당연하지만 시간은 하루 24시간이다. 없을 리 없다.

돈이 없다고 말하는 경우에는 정말로 돈이 하나도 없을까? 실제로 정말로 돈과 시간이 없기 때문에 투자를 시작할 수 없는 걸까? 이렇게 말하게 되는 이유는 자신의 무의식중에 우선순위가 낮은 투자에 돈과 시간을 사용하고 싶지 않을 뿐이기 때문이다.

돈이 없다거나 시간이 없다는 말이 나올 것 같을 때에는 다음과 같이 바꿔 말해보자. 예를 들어 '시간이 없어'가 아니라 '지금은 투자 공부를 하는 것보다 취미에 돈과 시간을 우선하고 있어'라고 바꿔 말해본다. 그러면 우선하고 있는 일이 과연 투자 공부보다 중요한지 그렇지 않은지 생각해보게 된다.

이렇게 표현을 다르게 말해보면 매일 이런저런 일에 바쁘게 움직였던 것들이 생각했던 것만큼 중요하지 않았다는 사실을 깨닫게 되는 경우가 많다. '투자를 할 돈은 없어!'라고 표현하지 않고 '투자를 하기 위해 돈을 어디에서 마련할까?', '매월 돈을 들이며 하던 일 중 일부분을 줄여서 그만큼 투자를 해보면 어떨까?' 같은 식으로 말을 해보는 것만으로도 상당히 달라진다.

말에는 말의 힘이라는 개념이 보여주듯이 현실을 만들어내는 능력이 있기 때문이다. 적어도 돈이 없다, 시간이 없다는 표현이 가정에서 만들어내는 무기력한 분위기는 개선될 것이다.

늘 돈에 대해 이야기를 나누자

돈에 대해서 배울 수 있는 장소는 일상생활 속에 수없이 많다. 예를 들어 마트에서 물건을 살 때는 돈의 구조를 배우기 가장 좋은 기회이다. 두부 한 모를 사더라도 브랜드나 가게에 따라 포장도 가격도 다르다. 과일과 채소의 가격도 계절과 산지에 따라 다르다.

또한 같은 상품이라도 가격이 다를 때가 있다. 예를 들어 특별 행사로 가격이 저렴해질 때도 있고 유통기한이 임박한 제품을 할인 판매하는 경우도 있다. 이런 상품을 발견했을 때에는 왜 가격이 저렴해졌는지에 대해 이야기를 나눠본다.

이렇게 일상생활 속에서도 무엇이 상품의 가격을 결정하는 요소가 되는지를 생각해가면서 물건을 구입하면 다양한 발견을 할 수 있다.

또한 돈에는 다양한 형태가 있다는 이야기도 나눌 수 있다. 필요한 물건을 살 때에는 돈이 필요하고 그 돈의 형태는 현금, 신용 카드, 상품권이나 선불 적립 카드 등 다양한 형태가 있다는 것을 이야기해보자. 상품권과 쿠폰도 돈과 같은 역할을 한다는 사실을 생각해보면 돈에는 다양한 형태가 있다는 것을 배울 수 있다.

전철이나 버스를 이용할 때에는 물건이 아닌 돈과 서비스의 거래에 대해 가르쳐줄 수 있다. 기차를 탈 때에도 나이와 좌석의 종류에 따라 요금이 달라지는 것 등을 아이에게 알려주는 것만으로 돈의 감각을 키울 수 있다.

🏦 집에서 지내는 시간을 늘린다

나는 네 아이의 아버지로서 몇 개 회사의 대표를 맡고 있고 강연회와 세미나를 진행하면서 책도 집필하고 있다.

이 모든 일을 동시에 할 수 있는 이유는 철저하게 시간을 낭비하지 않고 효율적으로 가능한 한 많은 대가를 얻겠다는 마음가짐을 늘 새기고 있기 때문이다. 그리고 새로운 일을 시작할 때에는 무엇이 중요한지 철저하게 생각한 후에 중요한 것에만 시간을 들여 결과를 만들어내려고 행동한다. 시간을 낭비하지 않도록 늘 염두에 두면 무심코 오랜 시간 일에 몰두했던 것이 이상하게 느껴지기 시작한다.

그리고 일하는 시간이 짧아지면 가장 소중한 가족과의 시간을 늘릴 수 있다. 아이들과 함께 있는 시간이 늘어나면 아이들과 돈에 대한 이야기를 나눌 시간도 자연스럽게 늘어나기 때문에 부모와 자녀가 함께 파이낸셜 리터러시를 향상시킬 수 있게 된다.

"사미 씨는 댁에서 어떤 돈의 교육을 하고 있나요?"

이런 질문을 자주 받는데, 사실 특별한 것은 아무것도 없다. 시간 낭비를 철저하게 줄이고 가능한 한 가족과 함께 많은 시간을 보내려고 한다는 것이 나의 대답이다.

4

미취학 아동에게
돈을 어떻게 가르칠까?

앞에서도 이야기했듯이 유아기는 돈에 대한 신념이 형성되는 시기이다. 그러므로 돈에 대해 부정적인 감정이 자라지 않도록 주위 어른들이 말과 행동에 신경을 써야 한다.

또한 유아기부터 일상 속에서 돈을 세어보거나 어떤 곳에 사용하는지 겪으면서 돈에 대해 알아갈 기회를 늘려 돈에 대한 흥미와 관심의 싹을 키워준다.

💵 아이가 돈에 관심을
가지기 시작할 때 해야 할 일

나는 아이들에게 두 살 무렵부터 돈을 만질 기회를 준다. 4년 전쯤 있었던 첫째와 둘째의 에피소드를 소개해보려고 한다.

어렸을 때부터 돈을 접해온 아이들은 자신의 지갑에 항상 동전을 넣어둔다. 그리고 아이들의 지갑은 아내가 가지고 다닌다. 하루는 아이들이 평소처럼 "돈을 세어보고 싶으니까 지갑 꺼내주세요!"라고 말했다. 특히 둘째는 동전 세기를 무척 좋아한다.

아이들이 동전을 탁자 위에 꺼내놓고 함께 세기 시작하다가 동전을 사이에 두고 빼앗기를 시작하더니, 끊임없이 "돈 돌려줘!"라며 싸웠다. 돈에 관심을 가지기 시작하는 것은 무척 좋은 일이지만 이대로라면 돈에 대한 집착이 지나치게 강해질 것 같아 아내와 함께 진지하게 고민했다.

그 후 돈을 넣고 꺼내는 것은 '엄마 은행'이 문을 열고 있는 매주 토요일로 한정하여 실물 동전이 아닌 어린이용 통장을 주고 숫자를 더하고 빼는 것으로 관리하자고 규칙을 바꾸었다.

그리고 입버릇처럼 "돈이 뭐라고 했지?"라고 아이들에게 질문하고 "다른 사람의 문제를 해결하여 행복하게 해주면 만들 수 있는 것!", "다른 사람의 문제는 어떻게 하면 알 수 있을까?", "많은 사람과 대화를 나누며 문제를 들어보면 알 수 있다!" 같은 식으로 돈의 본질에 대한 대화를 적극적으로 해나갔다.

그러자 이전과 같은 고민은 사라졌다. 아이들에게 돈에 대해 이야기하기를 주저하는 어른은 무척 많다. 한층 더 나아가 취학 전 어린이에게 돈을 만지게 해서는 안 된다는 생각을 가지고 있는 사람도 있을지 모른다. 하지만 어린아이에게 돈을 접할 기회를 적극적으로 주어야만 커서도 돈을 잘 다룰 수 있게 되지 않을까.

우리 집 아이 넷은 모두 성격이 다르고 같은 내용을 가르쳐주어도 늘 각자 다른 반응을 보인다. 때문에 아이들 개개인의 특징을 고려하여 유연하게 규칙을 바꿔가면서 아이들과 돈에 대해 이야기를 나눌 수 있도록 노력하고 있다.

비록 성격은 다르더라도 아이들 모두가 똑같이 돈을 좋아하는 마음을 가졌으면 하는 바람이다. 왜냐하면 사람은 흥미와 관심이 없는 것에 힘을 쏟을 수 없기 때문이다. 우리는 갖고 싶다고 생각할 때 비로소 그 모든 것을 손에 넣을 수 있다.

그러므로 유아기 때부터 돈을 소중하게 여기는 것이 중요하다. 아이가 돈에 흥미가 있다면 그 관심을 적극적으로 살려 돈과 잘 사귀는 방법을 가르쳐주는 방향으로 이끌어주면 된다.

💵 유아기부터 시작하는 사교육이
정말 도움이 될까?

유아기부터 여러 가지를 배우는 데 상당한 돈을 투자하는 가정이 많다. '페리 프리스쿨 프로젝트'라는 연구에서 유아기에 풍요로운 환경을 만들어주면 인지적 스킬IQ 테스트와 학력 검사 등으로 측정되는 능력과 비인지적 스킬 모두에 영향을 주어 학업뿐만 아니라 어른이 된 후 일하는 태도나 사회적 행동에 긍정적인 결과를 준다는 사실이 드러났다.

피실험자의 자녀가 40세가 된 시점의 최종적인 추적 결과에서는 취학 전 교육을 받은 아이는 받지 않은 아이보다도 학력 검사의 성적이 좋고, 학력이 높고, 특별 지원 교육의 대상자가 적으며, 수입이 높고 자기 집을 가지고 있는 비율이 높고, 생활 보호 대상자나 전과자 비율이 낮은 것을 알 수 있었다.

취학 전 교육에 투자한 경우의 결과를 이익률로 살펴보면 1을 투자했을 때 7~10배에 달한다고 한다. 취학 전 교육이 얼마나 중요한지를 알아볼 수 있는 연구다. 이 연구가 널리 알려지면서 세계의 조기 교육열이 실제로 상당히 높아졌다.

노벨 경제학상을 수상한 경제학 박사 제임스 헤크먼이 40년에 걸쳐 진행한 연구에 따르면 유아기에 받은 유아 교육은 나중에 받은 교육보다도 큰 경제 효과를 낳는다고 알려져 있다. 다만 여기에서 생각해둬야 할 부분이 있다.

유아기 교육이 좋다고 하더라도 너무 많은 것을 가르치려다 지출이 가계를 압박할 정도로 늘어난다면 그야말로 본말전도이기 때문이다. 무언가를 배우는 학원에 다니기 위해 수입의 대부분을 지출하는 가정도 있는데, 수입에 대해 교육비가 차지하는 비율이 지나치게 높은 것은 다시 생각해볼 문제다.

아이가 다니는 학원이 정말로 미래의 투자가 마인드를 키우는 것으로 이어지는지 깊이 생각하여 판단할 필요가 있다.

💵 어떤 능력을 갖추게 하고 싶은가

물론 다양한 것을 배우는 데 도전하여 아이의 감성과 가능성이 커지는 것은 좋은 일이다. 하지만 마구잡이로 이것저것 계속 가르쳐서는 안 되고 아이의 적성과 반응을 보면서 보내는 학원의 수를 줄이는 것이 중요하다.

실제로 나의 경우도 처음에는 다양한 도전을 하게 해주었지만, 그 결과 지출하는 돈과 시간이 엄청나게 커지기만 했다. 아이들의 기력도 체력도 견디지 못했을 뿐 아니라 가족이 함께 지내는 소중한 시간도 줄어들었다.

그래서 아이들에게 가르치는 것을 축구와 중국어 두 가지로 줄였다. 아이들이 축구를 할 때 가장 집중해서 즐겼으며 표정이 생생했고, 무엇보다 축구를 하면서 만난 친구와의 교류를 통해 아이의 커뮤니케이션 능력이 향상되었다는 느낌이 들었기 때문이다. 축구를 하면 팀워크와 경쟁력, 리더의 소질 등 다양한 것을 키울 수 있겠다고 판단한 것도 있다. 내가 세계 최대 외국계 증권 회사의 입사 면접에서 제일 처음 받은 질문도 스포츠에 대한 내용이었다.

또 중국어를 선택한 이유는 가능한 한 많은 사람들의 문제를 해결해주길 바라는 마음에서였다. 중국은 2030년에는 미국을 뛰어넘는 경제 대국이 되리라 예상하고 있다. 인구가 가장 많은 중국인과 커뮤니케이션을 할 수 있다면 문제 해결을 할 수 있는 범위가 넓어질 것이다.

커뮤니케이션 능력이 있다면 누구와도 이야기를 나눌 수 있고, 사람들의 고민거리에 대한 해결책을 생각할 수 있다. 만약 자신의 힘으로는 해결할 수 없는 문제라면 문제를 해결하기 위해 필요한 능력과 기술을 가진 사람을 찾을 수도 있다. 다시 말해 커뮤니케이션 능력만 있으면 수입은 얼마든지 만들어낼 수 있다.

아이의 어떤 능력을 향상시키기 위해 무엇을 배우게 할지 함께 찬찬히 생각하여 이야기를 나누는 것은 무척 의미 있는 일이다.

💵 사교육에 들어가던
돈의 일부를 투자로 돌린다

과도한 학원비 지출을 줄이면 금전적으로 여유가 생긴다. 현재 학원비로 들이는 돈의 일부를 투자로 돌린다고 생각해보자. 이때 투자할 곳을 아이와 함께 찾아보는 것이 중요하다. 예를 들면 다음과 같다.

- 학원을 여러 곳 다닐 경우 (월 금액)

  예시 1 : 수영(7,000엔), 피아노 교실(6,000엔)

  예시 2 : 영어회화(6,000엔), 지능계발 학원(5,000엔), 체육 교실(5,000엔)

- 학원을 한 곳으로 줄였을 경우 (월 금액)

  예시 1 : 수영(7,000엔), 주니어 투자 상품(6,000엔)

  예시 2 : 영어회화(6,000엔), 주니어 투자 상품(1만 엔)

이런 새로운 방식을 취하면 많은 효과가 있다. 지출을 줄이면서 쉽게 자산을 늘릴 수 있으며 아이와 투자의 중요성에 대해 이야기 나눌 계기도 만들 수 있는 실전형 돈의 교육을 할 수 있다.

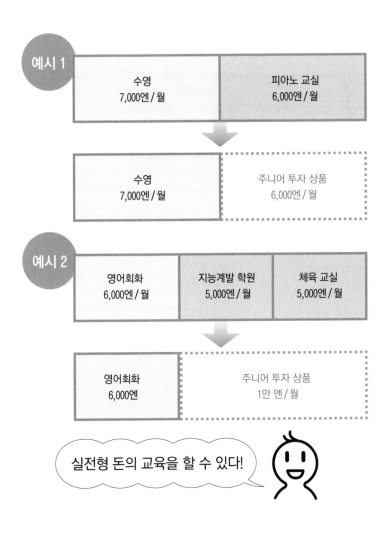

그림 5-4 사교육비 일부를 돈의 교육으로 돌린다

Financial Education

5

초등학생, 중학생에게
돈을 어떻게 가르칠까?

초등학생, 중학생은 실제로 스스로 돈을 사용할 기회도 늘어나
는 시기다. 용돈을 주는 것에 그치지 말고 생활의 다양한 상황에서
돈에 관심을 기울여 생각하는 습관을 들일 수 있도록 독려해야 한다.
또한 이 무렵부터는 가능한 한 소액이라도 실제로 투자를 경험할
수 있도록 도와준다.

💵 돈이란 언어와 같다

돈에는 말이나 언어와 마찬가지 성질이 있다. 돈도 언어도 더 많은 사람이 함께 행동할 수 있게 만들어준다. 예를 들어 영어라는 언어는 영어로 대화할 수 있는 사람들이 함께 행동할 수 있게 해준다. 마찬가지로 일본어나 중국어도 그 언어를 사용하는 사람들과 함께 행동할 수 있다.

영어는 세계 비즈니스 기축 언어이므로 세계 비즈니스 무대에서 일하기 위해서는 꼭 필요한 언어다. 돈 역시 마찬가지로 돈이라는 세계 공통의 언어를 이해하지 않으면 함께 활동하기 힘들다. 물론 세계 각국에는 각각의 통화가 있다. 다른 나라에서 돈을 사용하기 위해서는 환전을 해야 한다. 하지만 기본적인 돈의 규칙은 다르지 않다.

국제적인 돈의 규칙을 배우는 것은 국제 사회에서 살아갈 아이들에게 무척 중요한 일이다. 또한 국제적인 규칙에 더해 리치 마인드인 사람들이 사용하는 돈의 언어가 있다. 그 언어는 돈에 대해 배운 사람만이 이해할 수 있다.

때문에 리치 마인드의 사람들은 어떤 언어를 사용하고 있는지 부모가 배워두어야 한다. 다음에 소개하는 게임과 퀴즈는 그 언어를 익히기 위해 무척 좋은 훈련이 될 것이다.

💵 음식의 총금액을 맞히는 게임

우리 가족은 외식을 할 때 음식을 다 먹고 나면 총금액이 얼마일지 맞히는 게임을 한다. 총 합계 금액에 가장 가까운 숫자를 말한 사람이 이기는 게임으로 돈의 감각을 키우는 데 무척 도움이 된다.

이 게임에서 이기기 위해서는 처음 메뉴판을 정확하게 읽고 메뉴의 가격을 기억해둬야 한다. 또한 디저트나 음료 등 사이드 메뉴가 있다면 그것도 계산에 넣어야 한다. 그리고 기억한 메뉴의 가격을 더하는 계산력도 필요하다.

계산이 서투른 아이라도 대충 맞혀보게 한다. 그렇게 하면 금전 감각을 키울 수 있기 때문이다. 이 게임을 외식할 때마다 반복하다 보면 메뉴의 가격을 거의 보지 않아도 실제로 합계 금액에 가까운 답을 낼 수 있게 된다.

또한 '지난주에 중국집에서는 모두가 배부르게 먹었을 때 합계 금액이 3,240엔이었지만 오늘 이탈리안 레스토랑에서는 1만 2,960엔이었어. 왜 이렇게 금액이 다를까?' 같은 질문을 해본다.

그러면 '점심때보다 저녁때 가격이 비싸기 때문에', '음식이 몇 접시나 나왔으니까', '가게 인테리어가 멋있어서', '고기가 비싸서' 등 금액이 높아지는 요소를 아이들이 대답한다. 이런 의견을 서로 주고받으면 다양한 탐구를 할 수 있다.

합계 금액의 가격을 맞히는 것에 익숙해졌다면 한 달 수입에서

돈의 감각을 기를 수 있다.

가정의 '손익계산'을 생각하는 소재가 된다.

그림 5-5 외식을 할 때 총금액을 맞히는 게임

외식비의 비율이 어느 정도인지 계산해보는 것도 좋다. 가정의 손익계산에 외식비가 어떤 영향을 미치는지를 모두 함께 생각해보면 다양한 발견을 할 수 있다.

💵 가게의 매출을 계산해보는 퀴즈

자주 이용하는 카페 등의 가게 하루 매출과 이익을 계산하는 게임도 추천한다. 우리 가족은 집 근처에 있는 커피숍의 하루 이익을 생각해보는 퀴즈를 내고 대답할 수 있으면 용돈을 주는 게임을 했다.

아이에게 가르칠 때에는······

👨 이 커피숍의 하루 이익을 계산해볼까?

🧒 이익은 어떻게 알 수 있어요?

👨 가게에 들어온 돈에서 나가는 돈을 뺀 것이 이익이야.

🧒 그러면 이 커피숍에는 돈이 어떻게 들어오는데요?

👨 커피가 얼마지?

🧒 한 잔에 350엔 정도?

🧓 가격은 어떻게 알 수 있지?

🧒 메뉴판을 보면 돼요!

🧓 한 사람이 얼마를 쓰는지는 무엇을 보면 알 수 있을까?

🧒 계산대를 보면 알 수 있어요!

🧓 그렇지. 계산하는 곳에 표시되는 금액이 손님 한 사람당 지불하는 돈이야. 이것이 가게에 들어오는 돈이란다.

🧒 평균 500엔 정도일 것 같아요.

🧓 다음으로 하루에 손님이 몇 명 정도 오는지는 세어보면 알 수 있어. 가게가 문을 열고 있는 시간이 열여섯 시간이라면 한 시간에 들어오는 손님의 수 곱하기 열여섯 시간으로 계산할 수 있겠지?

🧒 곱셈은 쉽게 할 수 있어요!

🧓 다음으로 가게에서 나가는 돈을 생각해봐야지. 나가는 돈은 뭐가 있을까?

🧒 커피숍 직원에게 주는 급여?

🧓 그렇지. 인건비가 있지. 인건비는 인터넷에서 최저 임금을 검색해보면 돼. 그걸 기준으로 한 명당 하루 인건비를 대충 계산할 수 있어. 가게에 직원이 여섯 명 있다면 곱하기 6을 하면 돼.

🧒 그리고 가게의 월세와 커피 원두를 구입하는 비용도 있겠네요.

바로 집 근처 커피숍에 가서 가게를 관찰한 아이가 자기 나름대로 가게의 이익을 계산해왔다. 그 결과를 보면서 '가게는 남은 돈으로 무엇을 할 수 있을까?', '저 가게에 항상 줄을 길게 서는 이유는 뭘까?', '어째서 편의점 가격과 차이가 날까?' 등의 질문을 하면서 이야기를 이어간다.

이런 퀴즈를 평소에 하면 세상에는 어떤 기업이 있고 어떤 사람의 어떤 문제를 해결하여 어떤 가치를 제공하는지 생각하는 훈련이 되고, 이것은 투자를 할 때 무척 중요한 능력으로 이어진다. 일상생활 속에서 돈에 대한 탐구가 무한히 가능해지는 것이다.

6

초등학생, 중학생에게
투자를 어떻게 가르칠까?

원하는 회사를
살 수 있다는 것을 가르친다

우리 집 첫째는 일곱 살에 주식을 시작했다. 아이와 함께 애플스토어에 갔을 때 아이패드가 갖고 싶다고 떼를 쓴 일이 계기가 되었다. 그때 나는 "아이패드라는 제품을 사는 게 아니라 아이패드를 만드는 회사를 사면 어때?"라고 이야기했다. 그러자 아들은 "회사를 사는 게 가능해요?"라고 질문했다. 스마트폰으로 애플사의 주식을 살 수 있는 화면을 아들에게 보여주자 아들은 "애플의 주식을 사고 싶어요!"라고 말했다.

거기에 더해 아이가 나이키 신발을 좋아하므로 나이키 주식을 추가하고 또 소니, 아마존 주식까지 구입했다. 아들이 우버도 사고 싶다는 말을 했을 때는 상장하지 않은 회사에 대해서도 알려줬다 (우버는 2019년 5월에 미국 나스닥에 상장했다). 여담이지만 우리 집이 애플 주식을 구입한 것은 워렌 버핏이 애플의 주식을 대량으로 보유하기 이전이었다.

아이와 함께 돈의 공부를 하다 보면 항상 아이들의 감각이 정말 대단하다는 생각이 든다. 아이들은 이 기업들이 사회가 안고 있는 문제를 해결하여 많은 가치를 제공하고 있다는 것을 자연스럽게 느끼는 힘을 가지고 있기 때문이다.

예를 들어 아이패드를 그렇게 갖고 싶어 하는 이유는 무엇일까? 대부분 친구들이 모두 가지고 있기 때문에 부러워서인 경우가 많다. 주변 사람 모두가 가지고 있다는 것은 그만큼 많이 팔린다는 것이다. 즉 주변의 현상을 관찰한 후, 애플이 성장할 회사인 것을 일곱 살 아이가 알아챈 것이다.

아이가 실제로 투자를 시작하지 않더라도 상품과 서비스를 판매하는 회사의 주식을 구입한다는 발상이 있다는 것을 가르쳐주는 것만으로도 큰 배움이 될 것이다.

그림 5-6 일곱 살에 시작한 주식

💵 부동산 투자 감각을 익히는 퀴즈

부동산에 대해 이야기하는 것은 리치 마인드를 키우기 위한 좋은 주제이다. 나는 홋카이도에 9층짜리 건물을 소유하고 있는데 얼마 전 아이가 그 건물의 집 하나의 가격이 얼마인지 질문을 했다.

"아빠, 홋카이도에 있는 건물은 집 하나를 사람들에게 얼마에 빌려주고 있어요?"

"월세가 9만 엔이야."

"그렇구나."

"건물에 59가구가 있으면 매월 들어오는 수익이 얼마가 될까?"

곱셈으로 계산할 수 있다는 힌트를 주고 관리비 등의 비용에 대해 이야기를 나누면서 부동산 투자에 대해 알려주었다. 일반 가정에서는 부동산을 가지기 힘들기 때문에 이런 이야기를 아이와 할 수 있는 것은 결국 부자들뿐이라고 생각할지도 모르겠다.

하지만 그렇지 않다. 모든 가정에서 부동산 투자에 대한 이야기는 할 수 있다. 예를 들어 만약 아파트를 임대해서 살고 있다면 그 임대료를 통해 아파트 한 동의 가격을 계산해보는 것도 좋다.

부동산은 회사나 개인 등 주거할 곳을 빌리고 싶은 사람에게 그 장소를 빌려주는 것으로 사람들의 문제를 해결한다. 부동산 투자란 그런 문제 해결에 돈을 제공하는 일이다.

일상에서 이런 계산을 하면 실제로 투자할 물건을 봤을 때 수익 계산을 바로 할 수 있게 되어 투자에 대한 판단력을 키울 수 있다.

7

초등학생, 중학생에게
용돈을 어떻게 가르칠까?

📧 용돈으로 자제심을 키운다

용돈을 어떻게 사용하고, 어떻게 모을지의 문제는 초등학생과 중
학생이 돈에 대해 배우는 좋은 기회가 된다. 용돈을 매달 금액을
정해서 주는 정액제를 할지, 혹은 필요할 때마다 줘야 할지 고민하
는 부모도 많을 것이다.

필요할 때마다 용돈을 주면 아이가 불필요한 것에 돈을 사용하
는 것을 막을 수 있다고 생각하는 사람도 있다. 하지만 자제심을 키
우기 위해서는 매달 정해진 금액을 주는 편이 더 좋을지도 모른다.

1960년대에 스탠퍼드대학에서 시행한 유명한 '마시멜로 실험'이 있다. 이것은 자제심이 성공과 어떤 관계가 있는지를 알아보는 실험이었다.

4세 어린이 앞에 마시멜로 한 개를 두고 "15분 동안 먹지 않고 참으면 한 개를 더 줄게, 만약 내(시험관)가 없는 동안에 먹으면 못 받는 거야"라고 말하고 방에서 나왔다. 결과는 아이 중 3분의 1이 15분을 참고 두 개의 마시멜로를 받았다.

이 실험에서 흥미로운 점은 아이가 성장한 후에 사회적으로 성공하는데 큰 관계가 있다는 점이다. 다시 말해 18년 후 22세가 되었을 때 마시멜로를 먹지 않았던 아이는 먹은 아이보다도 학업 성적, 수입, 사회적 지위 등 사회적으로 성공했다고 한다.

미래에 더 큰 성공을 얻기 위해서 자기의 충동과 감정을 조절하여 당장은 조금 참을 수 있는 자제심을 키우는 것이 중요하다는 사실을 알 수 있다. 용돈을 정해진 금액을 주고 스스로 돈을 관리하게 하면 원하는 것에 대한 감정을 조절하는 자제심을 키울 수 있다.

가정의 경제 상황이 미래의 성공에 영향을 준다

그런데 이 마시멜로 실험의 결과를 뒤엎는 실험이 2018년에 시행

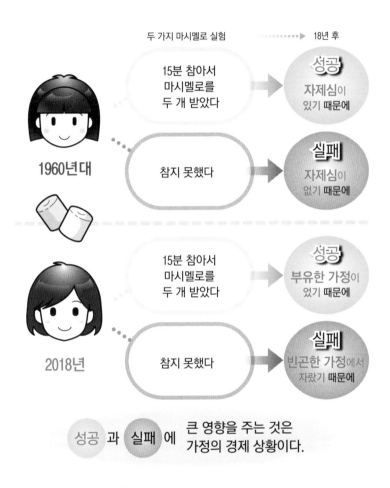

두 가지 마시멜로 실험 ┈┈┈┈┈┈➤ 18년 후

1960년대

15분 참아서
마시멜로를
두 개 받았다 ➤ **성공**
자제심이
있기 때문에

참지 못했다 ➤ **실패**
자제심이
없기 때문에

2018년

15분 참아서
마시멜로를
두 개 받았다 ➤ **성공**
부유한 가정이
었기 때문에

참지 못했다 ➤ **실패**
빈곤한 가정에서
자랐기 때문에

성공 과 **실패** 에 큰 영향을 주는 것은
가정의 경제 상황이다.

출처 《세이지 저널 SAGE JOURNALS》 https://journals.sagepub.com

그림 5-7 두 가지 마시멜로 실험

되었다. 이번 피실험자의 수는 900명이었다. 실험을 한 결과 마시멜로를 먹지 않고 기다릴 수 있는 데는 아이의 자제심보다도 아이의 사회적, 경제적 배경의 영향이 더 크다는 사실을 알아냈다.

연구에 따르면 참지 못하고 먹어버린 아이들의 대부분이 경제적으로 빈곤한 환경에 있었고 평소에 '참고 기다리면 원하는 걸 줄게'라는 말을 들은 경험이 없었다. 또한 이 아이들은 지금은 있지만 내일은 없을지도 모른다는 걱정을 하고 있다고 추측할 수 있다.

반면 먹지 않은 아이들은 지금 바로 받지 않더라도 나중에 반드시 받을 수 있을 만큼 부유하다는 사실을 알고 있기 때문에 즐거움을 나중으로 미룰 수 있었을 것이라는 견해가 나왔다.

이 실험을 통해 가정의 경제 환경이 아이의 미래에 큰 영향을 준다는 사실을 알 수 있다. 그렇기 때문에 경제 격차가 커지고 빈곤 가정에서 자란 아이가 늘어나는 상황이 더욱 걱정스럽다. 아이를 빈곤한 환경에 두지 않는 것이 무엇보다 중요하다고 할 수 있다.

💵 왜 낭비를 하면 안 되는지 가르친다

부모가 자녀에게 용돈을 줄 때 낭비하면 안 된다고 주의를 주는 경우가 많다. 그렇다면 과연 낭비란 무엇일까? 낭비란 자신이 제공한 가치(돈)보다 얻은 가치가 적은 것을 가리킨다.

우리 집의 첫째는 온라인 게임에 푹 빠져 있어서 그 게임에서 사용하는 아이템을 사기 위해 가끔 내게 용돈을 달라고 조르곤 한다. 부모인 내가 보면 게임 아이템에 사용하는 돈은 다름 아닌 낭비라고 생각된다. 하지만 아들에게는 어떨까?

아이템을 구입하면 친구들 앞에서 뽐낼 수 있기 때문에 아들에게 있어서 아이템은 꼭 필요하다. 그러므로 아무리 낭비를 하면 안 된다고 마르고 닳도록 이야기해도 아이 자신이 낭비라고 느끼지 않으면 낭비를 했다고 생각하지 않을 것이다.

'낭비하면 안 돼'라고 말하는 대신 '그 돈을 썼을 때 대신 무엇을 얻을 수 있어? 그것이 네게 어떤 가치가 있어?'라고 물어볼 필요가 있지 않을까? 그리고 '낭비하면 안 돼'가 아닌 '소중하게 사용해'라고 말하며 용돈을 쥐어주면 어떨까.

💵 사용 목적이 있는 저축은 좋다고 가르친다

설날에 받는 세뱃돈처럼 아이에게 평소보다 많은 돈이 생길 때가 있다. 그럴 때 많은 가정에서 모든 돈을 써버리지 않고 저축할 것을 독려하고는 하는데, 만약 저축을 추천한다면 사용 목적을 정해둘 것을 가르쳐주는 것이 좋다.

세뱃돈과 용돈을 모아 어느 정도 금액이 되면 아이가 특별히 원하는 물건이 없고 바로 돈을 사용할 필요가 없는 경우는 꼭 투자를 해보는 것이 좋다. 혹은 일부를 기부해보는 것도 추천한다.

다시 말해 무언가를 사기 위해서라거나 투자를 위한 목돈 마련 등 무엇에 사용할 것인지 명확한 목적이 있는 저축이라면 좋은 저축이다. 저축을 하는 행위는 돈이 안심을 주는 것을 상징한다. 어떤 예상하지 못한 안 좋은 일이 생겼을 때를 위한 보험 대신에 하는 저축과 좋은 기회가 생겼을 때 그 기회를 잡기 위한 저축은 의미가 전혀 다르다.

이 사고방식은 어른이나 아이나 마찬가지다. 실제로 바로 사용하지 않을 돈을 단순히 저축하는 것이 아니라 가능한 한 돈을 운용하는 방법을 가르쳐주자.

💵 세뱃돈의 일부를 기부해본다

서양에서는 기부를 하는 습관이 당연한 듯이 자리 잡고 있다. 특히 부자 중에서는 고액의 기부를 하는 사람이 많다. 우리 집에서도 세뱃돈 등 한번에 많은 돈이 생겼을 때는 일부를 기부하도록 가르치고 있다.

예를 들어 5,000엔을 받았다면 그중 1,000엔을 기부 봉투라고 부르는 봉투에 넣어둔다. 그리고 길거리 등에 놓여 있는 모금함에

그림 5-8 세뱃돈을 어디에 쓸지 생각한다

넣는 것이 아니라 직접 기부금을 전달할 수 있는 곳을 찾아가 전달한다. 어디에 기부할지를 아이들과 함께 찾아보면 어떤 사람이 어떤 일에 어려움을 겪고 있을지 생각하는 데 무척 중요한 공부가 된다.

기부라는 행위는 어른이 된다고 갑자기 할 수 있는 일이 아니다. 어렸을 때부터 기부하는 습관, 다시 말해 어려움을 겪는 사람들에게 눈길을 돌리는 자세를 익히지 않으면 행동으로 옮기기 어렵다.

초등학생, 중학생이
돈에 대해 잘 알게 되면

💵 돈의 시스템은 쉽게 변한다

돈의 시스템은 시대와 함께 변화하기 때문에 현재 사용하고 있는 돈의 형태가 미래에 영원히 지속되지 않고 경제의 변화에 따라 변한다는 것을 자녀에게 가르쳐주어야 한다.

작년 가을 무렵까지 우리 집 아이들은 비트코인에 관심이 많았다. 비트코인에 대한 이야기를 아이들과 함께 하면 애초에 돈이란 무엇이었는가를 생각하거나 현재 사용되는 지폐가 사라질 가능성이 있다는 것을 가르쳐줄 수 있다.

10년 후에 사용되고 있을 돈의 형태를 이야기하면서 각국이 모색하고 있는 디지털 코인에 대해 조사해보는 방법도 공부가 된다. 싱가포르와 미국 등에서는 디지털 코인 검토가 진행되고 있다. 전 세계적으로 비트코인을 대신할 새로운 돈이 유통될 시대가 머지않은 미래에 올 것이다.

또한 나는 비트코인 시대는 이미 지나가고 있다고 알려주며 현재 내가 다루고 있는 분산형 디지털 장부, 즉 블록체인인 헤데라 해시그래프Hedera Hashgraph에 대한 이야기를 해주기도 한다. 이것은 제4세대라고 불리는 새로운 돈의 구조 기반이 되는 시스템이다.

비트코인의 핵심 기술인 블록체인의 등장에 따라 분산형 장부라는 새로운 시스템에 사람들이 주목하고 있다. 하지만 블록체인은 단순히 그 기술 자체뿐 아니라 많은 문제점을 가지고 있기 때문에 미래 사회의 기반은 되지 못할 것이다.

이렇게 블록체인에는 과제가 산더미처럼 많이 있지만, 제4세대라고 불리는 헤데라 해시그래프는 그런 문제점을 해결한 기술이라 할 수 있다. 새로운 돈의 구조를 아이와 함께 이야기하기 위해 나 역시도 공부를 계속하고 있다.

📷 부모가 일하는 모습을 아이에게 보여준다

나는 가능하면 내가 진행하는 강연과 세미나에 아이들을 데리고 간다. 그 이유는 일하는 모습을 아이들에게 보여주기 위해서이다. 아이들은 자신의 엄마 아빠가 일하는 모습을 보면서 부모가 누구의 어떤 문제를 해결해주고 어떤 가치를 사회에 제공하는지 느낄 수 있다.

일하는 곳에 아이를 데리고 갈 수 있는 사람은 한정적이지만 그것이 어려운 경우에는 부모가 어떤 일을 하고 어떻게 세상에 도움이 되고 있는지를 집에서 이야기하는 것만으로도 충분하다. 부모의 일을 통해 아이가 사회에 관심을 가지고 문제를 찾아내어 자신의 가치를 높이고 싶다고 생각하는 계기가 될 것이다.

내가 가장 사랑했던 아버지는 10여 년 전에 돌아가셨는데 아버지께 돈에 대한 지식이나 비즈니스에 대해 많은 것을 배웠다. 파키스탄에서 태어난 아버지는 30대에 일본으로 건너가 자동차 수출 대행업으로 생계를 이어가며 고생을 많이 하셨다. 그런 아버지가 내게 반복해서 하신 말씀을 지금도 선명하게 기억한다.

"순간의 쾌락이나 사회적인 지위를 위해서 돈을 투자할 생각은 없다. 하지만 너희의 교육을 위해서라면 얼마든지 투자할 거야."

아버지는 종종 나를 포함해 네 명의 아이들을 직장이나 거래처와의 회의 자리에 데리고 다니셨는데, 모든 상황에서 아버지의 말과 행동이 일치하는 것을 느낄 수 있었다.

이런 경험은 우리에게 무척 좋은 영향을 주었다고 생각한다. 그 덕분에 4형제 중 형은 실리콘밸리에서 IT벤처 기업 대표로, 누나는 미국에서 변호사로, 남동생은 미국에서 의사로 활약하고 있다.

💵 사교육비의 일부를 돈의 교육으로 돌려본다

많은 가정에서 사교육비는 큰 지출을 차지한다. 중학교 입시를 위한 학원에 초등학교 4학년부터 6학년까지 3년 동안 다니고 또 방학 보충 수업과 모의고사까지 다 더하면 그 비용이 약 300만 엔이 든다고 한다. 일반 가정의 수입을 생각해보면 상당히 큰 지출이다.

통계청에 따르면 대한민국의 연평균 사교육비는 대략 500만 원 가까이 든다고 한다

부모는 아이의 미래를 생각하여 생활비를 아껴서라도 결코 싸지 않은 학원비를 지불한다. 하지만 모든 아이가 희망하는 학교에 입학한다는 보장이 없고, 입학한다고 해도 학교 생활에 적응하지 못하고 등교 거부를 하는 아이도 적지 않다.

다시 말해 고액의 투자를 한다고 해도 안타깝게도 그 노력이 물거품이 되는 경우가 많은 것이다. 그렇기 때문에 학원에만 집중적으로 투자하는 것은 상당히 큰 리스크라고 할 수 있다. 물론 학원도 메리트는 있지만 얼마만큼 이득이 될지 냉정하게 판단하여 현명

하게 결정해야 한다.

자녀의 행복을 바라며 다양한 학원을 보내거나 좋은 학교에 들어가기 위해 입시 학원에 다니게 하는 마음은 이해할 수 있다. 하지만 만약 거기에 들어가는 열의를 돈의 교육에 쏟아보면 어떨까? 지금 들이는 돈과 시간의 절반, 아니 20퍼센트라도 돈의 교육에 들일 수 있다면 분명 엄청난 결과가 나올 것이라고 나는 확신한다.

일본 문부과학성_{한국의 교육부에 해당한다}의 데이터에 따르면 초등학생이 다니는 학원에 다달이 들어가는 비용은 평균 1.8만 엔 정도이고 연간 학원 비용으로 50만~100만 엔을 쓰고 있다고 한다. 매월 약 4만~8만 엔이 조금 넘는 금액이다. 학원비로 월 5만 엔 이상 지출하고 있는 가정도 많다. 대한민국의 경우, 통계청이 발표한 「2020년 초중고 사교육비 조사」에 따르면, 학생 1인당 월평균 사교육비는 대략 고등학생 월 64만 원, 중학생 월 49만 원, 초등학생 월 32만 원이라고 한다 상당한 금액을 교육비로 투자하고 있다는 사실을 알 수 있다. 만약 그런 사교육에 들어가는 돈을 3분의 2 정도로 줄이고 남은 돈을 투자로 돌리면 어떨까?

혹은 남는 돈의 일부는 투자로 돌리고 나머지는 돈의 지식을 향상시키기 위한 공부 비용(책 구입이나 세미나 참가 등)으로 써보는 방법도 생각할 수 있다. 다시 말해 아이들의 교육비 중에 돈의 교육으로 이어지는 요소를 반드시 한 가지 넣어보는 것이다.

- 특별한 돈의 교육 없이 학원비로 매월 5만 엔을 쓰는 경우

  예시 : 미술, 음악, 스포츠 등 학원(2만 엔), 보습학원(3만 엔)

- 매월 5만 엔의 학원비 중 돈의 교육에 일부를 돌린 경우

  예시 : 보습학원 등(3만 엔), 주니어 투자 상품(1만 5,000엔),

  돈의 공부 비용(5,000엔)

- 학원 가는 시간 사이에 돈의 공부를 넣었을 경우 시간 배분

  예시 1 : 보습학원 12시간, 영어회화 4시간, 외식을 할 때 총금

  액 맞히기 게임 30분/월

  예시 2 : 보습학원 8시간, 피아노 교실 4시간, 가족이 함께 캐

  시게임 2시간/월

우리 집의 경우 어떤 학원보다도 돈의 교육에 돈과 시간을 들이고 있다. 최근에는 여덟 살인 첫째가 내가 진행하고 있는 돈의 공부 모임에 출석하여 공부를 시작했다. 앞으로는 작은 아이들도 참가하여 가족 모두 함께 돈의 공부를 할 날을 기대하고 있다.

사교육비 일부를 돈의 교육으로 돌렸을 경우 5만 엔/월

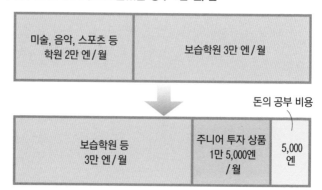

돈의 공부를 하는 시간을 넣었을 경우 /월

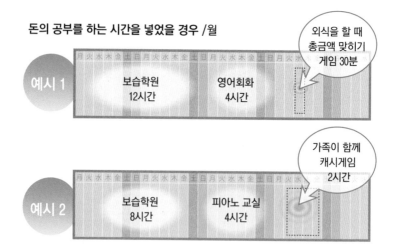

그림 5-9 매월 사교육비 일부를 돈의 교육으로 돌려본다

9

고등학생에게
돈을 어떻게 가르칠까?

고등학생은 주위 어른들이 이야기하는 화제에 대해서나 뉴스에서 다루고 있는 정보에 대해 깊이 이해할 수 있는 나이다. 다만 보고 들은 정보 그대로 받아들이지 않고 '정말 사실일까?'라고 항상 의문을 품는 자세를 갖춰야 한다. 돈의 구조와 역사에 대해 배우면 넘치는 정보 속에서 무엇이 진실이고 무엇이 잘못된 정보인지를 스스로 판별할 수 있는 힘을 갖출 수 있다. 정보의 홍수에 휩쓸리지 않기 위해서라도 확실하게 돈에 대해 배워두어야 한다.

〰️ 교육의 목적과 수단을
혼동하지 않도록 주의한다

많은 부모가 공부만이 전부가 아니라고 말하면서도 막상 자신의 아이는 더 높은 성적을 받고 더 좋은 학교를 졸업하여 대기업에 취업하기를 바라며 입시 준비에 많은 힘을 기울인다.

하지만 원래는 아이가 미래에 사회에서 행복하게 살아갈 수 있게 되는 것이 교육의 목적이 되어야 한다. 명문 학교에 진학하거나 좋은 기업에 취업하는 것은 하나의 수단에 불과하기 때문이다.

그런데 종종 이 목적과 수단이 바뀌어 수단이 목적이 되어버리는 일이 있다. 좋은 학교와 대기업 취직이 교육의 목적이 되어서는 결코 안심과 자유가 있는 미래를 얻을 수 없다.

〰️ 입시 공부를 위한 비용이 적절한가

많은 가정에서 입시를 위한 사교육비는 가계를 힘들게 하는 요인이 된다. 여기에서 냉정하게 생각했으면 하는 부분은 그만큼 많은 지출을 해서 과연 얼마만큼의 소득을 얻을 수 있을까 하는 부분이다.

가혹한 표현이 될지도 모르지만 그 정도로 고액의 돈을 사용한다고 해도 실제로 얻는 소득은 기대만큼 많지 않을 수 있다.

현재는 대학의 브랜드 가치가 매년 줄어들고 있는 상황으로, 도쿄대학조차도 세계 대학 랭킹에서는 40위 이하이다. 대학의 브랜드 가치는 앞으로도 점점 줄어들 것이다.

물론 특정 대학에서만 하는 연구가 있기 때문에 무슨 일이 있어도 그 대학에 진학하고 싶다는 명확한 목적이 있는 경우에는 이야기가 다르다. 하지만 막연하게 대학에 진학하기를 희망한다면 사교육에 고액의 돈을 지출할 필요가 없다.

그런 데다 돈을 사용하기보다 그 비용과 시간을 사용하여 돈의 공부를 하는 편이 훨씬 높은 소득을 얻을 수 있기 때문이다.

💵 단지 돈을 벌기 위해서
아르바이트를 하지 않는다

고등학생이 되면 아르바이트를 하는 학생도 많이 있다. 아르바이트를 하는 것 자체는 나쁘지 않다. 다만 안심과 자유가 있는 인생을 얻는 사람은 E에 들어가더라도 E의 마인드로 일하지는 않는다.

그 부분이 단순히 돈을 벌기 위해 아르바이트를 하는 사람과의 차이다. 그들은 단순히 돈을 위해서 일하지 않는다. 예를 들어 대부호인 잭 웰치는 한때 골프 캐디로 일했다고 한다. 하는 일은 일반 아르바이트생과 다르지 않았지만 마음가짐은 달랐다.

골프를 하는 사람들은 어느 정도 사회적 지위가 있는 사람이다. 다시 말해 리치 마인드의 사람들이 많다. 잭 웰치가 캐디로 일하기로 한 이유는 그런 사람들과 많은 시간을 보내면 그들의 마인드를 흡수하는 것이 가능하다고 생각했기 때문이었다.

아르바이트를 할 때에도 돈을 벌 수 있는 곳이라면 어디라도 상관없다는 생각이 아니라, 배움의 자세가 필요하다. 만약 맥도날드에서 아르바이트를 한다면 '맥도날드의 체인 시스템을 배우기 위해' 혹은 '왜 맥도날드에는 사람이 모이는가?' 등의 의문을 가지고 일하는 것이 좋다. 최저 임금을 받기 위해 일하는가, 아니면 최저 임금도 받고 무언가를 더 배운다는 의식으로 일하는가에 따라서 큰 차이가 발생한다.

아르바이트를 할 때와 마찬가지로 취업할 곳을 선택할 때는 어떤 노하우를 배울지 생각하여 선택할 것을 자녀들에게 가르쳐준다. '사람에게 상품을 파는 기술을 배우고 싶으니까 A사에 들어가겠다', '경영 노하우를 배우고 싶으니까 B사에 들어가겠다' 등 무엇을 배울 수 있는지 생각하여 결정하도록 알려준다.

💵 아르바이트보다도 중요한 것

돈을 버는 부모의 고생을 알기 위해서 아르바이트를 하는 것은 좋다거나, 고등학생이니까 자신의 용돈 정도는 스스로 벌었으면 한다는 생각을 하는 부모도 많다. 실제로 부모에게 그런 말을 들은 경험이 있는 사람도 많을 것이다. 그런데 돈의 공부를 시작하면 의식이 전혀 달라진다. 내가 주재하는 돈의 공부 모임에 나온 한 아버지의 에피소드를 소개해보겠다.

"며칠 전에 고등학생인 딸이 아르바이트를 해보겠다는 겁니다. 그때 제가 '3개월분의 아르바이트 급여를 아빠가 내줄 테니까 그 시간을 돈 공부를 하는 데 써보지 않겠니?'라고 말했습니다."

효과는 바로 나왔다. 돈에 대해 공부를 시작한 딸이 다음과 같은 질문을 했다고 한다.

"아빠, 캔들 차트가 뭐예요? 주식을 사고 싶은데요."

"음봉과 양봉이 이어지면 어떻게 되는지 가르쳐주세요."

고등학생 딸은 아버지와 함께 3개월 동안 돈의 공부를 한 결과 돈에 관심이 높아져 스스로 배우는 힘이 생겼다. 고등학생은 인생에서 가장 민감한 시기다. 그 귀중한 3년을 최저 임금을 주는 아르바이트로 보낼 것인가, 아니면 돈의 공부를 할 것인가. 부모의 의식의 차이가 아이의 미래에 큰 차이를 만들 것은 분명한 사실이다.

💵 급여가 적은 사람과 많은 사람의 차이는
어디에서 오는지 가르친다

많은 노동이 인생의 귀중한 시간을 들여 돈을 얻는 일이라는 부분에 대해 가족이 함께 이야기해보면 좋다. 실제로 부모의 수입이 어느 정도 되는지 계산해서 자녀에게 이야기해주는 것도 좋다. 대부분의 사람이 대체 자신은 어느 정도의 비용을 받고 일하고 있는지를 정확하게 모른다. 용기를 내서 먼저 계산을 해보자.

또한 노동을 하여 돈을 얻는 방법 외에 돈은 반드시 땀을 흘려야만 얻을 수 있는 것이 아니라는 사실도 가르쳐준다. 그 방법은 주식 등의 금융 투자 이외에도 다양하다.

돈을 만들어내는 방법에는 회사에 근무하는 등 자신의 시간을 들이는 방법 외에 무엇이 있는지 이야기를 나누는 것만으로도 다양한 사실을 깨달을 수 있다.

그리고 해결해야 할 문제의 크기에 비례해서 보수를 얻을 수 있다는 부분도 가르쳐준다. 많은 돈을 얻기 위해서는 사람이 안고 있는 더 큰 문제를 더 많이 해결하는 것이 가장 중요하다고 가르쳐주어야 한다.

💵 열심히 일한다고 해서
돈이 늘어나는 것은 아니다

열심히 일하는 것이 꼭 수입의 증가로 연결되지는 않는다. 근면하다는 말을 듣는 일본인도 실제로 생산성은 낮다. OECD의 조사에 따르면 OECD 가맹국 34개국 중 21위, 선진국 7개국 중에서는 최하위였다. 다시 말해 장시간 일하면서도 일한 만큼 보수를 제대로 얻지 못한다. 왜 그렇게 되는지 살펴보면 대부분의 사람이 그저 열심히 일하는 것에만 집중하고 있기 때문이다.

반면 돈을 늘리는 사람은 돈을 늘리기 위해서는 어떻게 일을 하면 좋을지 생각한 후에 일한다. 다시 말해 일을 하기 전에 어떤 방식으로 일을 하면 가장 효율적일지를 철저하게 생각한 후에 일에 착수한다.

이것을 스트래터지(전략)라고 부른다. 예를 들어 보통 여덟 시간 걸릴 일을 할 때 어떻게 일을 하면 좋을까 세 시간 동안 철저하게 생각한다. 그리고 실제 일은 두 시간 만에 끝낸다. 이렇게 하면 세 시간의 시간이 생긴다. 사전 준비 단계를 통해 더 적은 노력과 시간으로 더 큰 성과를 얻는 전략이 중요하다.

고등학생에게 빚에 대해
어떻게 가르칠까?

나쁜 대출은 파산으로 이어진다

대출 중에서 무엇이 나쁜 대출인지 가르치는 것이 중요하다. 예를 들어 30년이나 되는 긴 주택 자금 대출은 나쁜 대출의 전형이고 인생에서 안심과 자유를 빼앗는 근원이 된다는 사실을 알려준다. 만약 이미 장기 대출을 받은 가정의 경우에도 감추지 말고 사실을 자녀에게 이야기해보자.

자신과 같은 잘못을 하지 않기 위해서라도 돈에 대해 제대로 배워야 한다는 것을 알려줘야 한다. 그리고 부모가 거액의 부채를 안은 덕분에 자녀에게 큰 교훈을 남겼다고 긍정적으로 생각한다.

나쁜 대출 때문에 매년 많은 사람이 파산에 내몰리고 있다. 특히 신용 카드로 이용할 수 있는 리볼빙 서비스의 무서움에 대해서는 자녀에게 좀 더 확실하게 가르쳐야 한다. 리볼빙 서비스는 매월 변제액이 일정 기준으로 정해져 있는 점이 매력적인 지불 방법이다. 지불액이 일정하기 때문에 50만 엔만큼 물건을 사더라도 지불액을 월 1만 엔으로 설정해두면 매월 1만 엔만 지불하면 된다.

하지만 이자는 카드 회사에 따라 다르지만 15~18퍼센트로 높게 설정되어 있다. 그렇기 때문에 매월 변제의 대부분이 이자로 나가고 원금은 전혀 줄지 않는다. 그러므로 리볼빙 서비스는 절대로 사용해서는 안 되는 대출이라고 가르친다.

또한 학자금 대출에 대해서도 가정 내에서 이야기할 기회가 필요하다. 학자금 대출은 교육 지원 목적으로 현재 많은 사람이 이용하고 있다. 다만 빌린 돈을 변제하기 위해서 상당히 고생하거나 파산에 내몰리는 사람도 적지 않다는 것을 고려해야 한다.

대출은 언젠가 갚아야만 한다. 갚지 못하는 대출은 아무리 교육을 위해서라고 해도 나쁜 대출이다. 만약 대학을 졸업하여 취업을 해도 그 대출을 갚을 수 없다면 학자금 대출은 나쁜 대출이라고 할 수 있다.

💵 사람과 사회를 풍요롭게 하는 좋은 대출

반면 좋은 대출이 있다는 것도 가르쳐준다. 나는 임대용의 부동산을 가지고 있는데, 그 부동산을 구입하기 위해서 많은 돈을 은행에서 빌렸다. 이것은 좋은 대출이다. 왜냐하면 임대료로 얻을 수 있는 수익으로 대출을 상환할 수 있고 거기에 더해 캐시 플로가 생기기 때문이다. 이 현금의 흐름으로 우리 집 가계에 수입이 생긴다. 그것으로 생활할 수 있다는 안심을 얻을 수 있고, 가족과 함께 지내거나 자신이 좋아하는 일을 하거나 돈의 공부를 하는 등의 자유로운 시간도 얻을 수 있다.

대출에 따라 경제가 성장하는 세상에서 좋은 대출을 하는 리치 마인드의 사람은 은행에서 낮은 금리로 돈을 빌려 더 높은 수익을 얻을 수 있는 곳에 투자하여 자산을 늘리기도 한다.

💵 대출로 시간을 살 수 있다

대출을 하는 긍정적인 효과는 또 한 가지 있다. 그것은 돈을 빌려 시간을 살 수 있다는 점이다. 예를 들어 부동산 투자를 하기 위해서 1,000만 엔이 필요하다고 하자. 1,000만 엔의 자금을 만드는 것은 쉽지 않다. 착실하게 저축을 해서 1,000만 엔을 모은다고 하면 상당한 시간이 걸린다. 5년, 10년이 걸릴지도 모른다.

하지만 만약 1,000만 엔을 은행에서 대출받을 수 있다면 몇 년의 시간을 줄여 부동산 투자를 시작할 수 있다. 그리고 일찍 투자에 착수하여 자산을 확보한다면 그만큼 안심과 자유를 빨리 얻을 수 있는 것이다.

고등학생이
돈에 대해 잘 알게 되면

운을 잡기 위해 준비할 것을 가르친다

내가 어렸을 때 아버지는 종종 미래를 위해 준비해야 한다고 말했다. 그 의미를 어른이 되어서 수많은 리치 마인드의 사람들을 만나고, 안심과 자유가 있는 인생을 얻은 후부터 더욱 잘 알게 되었다.

리치 마인드의 사람은 항상 운을 자신의 편으로 만들어둔다. 운이란 무엇일까? 운이란 운명을 하늘에 맡기는 일이 아니다. 오래전 고대 로마의 철학자인 루키우스 세네카가 이렇게 말했다.

"운은 준비와 기회가 만났을 때 일어난다."

준비를 하지 않으면 기회는 눈앞을 스쳐 지나가버린다. 만약 준비를 해서 기회를 잡는다면 다른 사람에게 운이 좋다는 말을 듣게 된다.

나도 여전히 운을 잡기 위해 아이들과 함께 파이낸셜 리터러시를 높이기 위한 공부를 하고 있다. 구체적으로는 다음과 같다.

① 유동성이 낮은 부동산을 매각하여 현금을 확보함으로써 유동성을 향상시킨다. 지방 건물을 팔아 현금화해둔다. 현금화한 돈은 올웨더 포트폴리오의 안전형 배분에 투자를 한다.

② 경비 절감을 한다. 100년에 한 번 찾아올 투자 기회를 위해 저축을 늘려 현금의 흐름을 개선한다.

③ 금은과 상품(현물 등)에 투자한다. 인플레이션이 올 가능성을 고려하여 현금 이외의 유동성이 높은 금융 자산으로 이동해둔다.

④ 거시 경제의 동향을 주시할 수 있는 정보 상품에 투자한다. 정보과다의 시대에 고품질의 정보를 모으기 위해서는 많은 시간과 노력이 필요하다. 그래서 나는 세계에서 가장 수준이 높은 거시 경제 정보를 분석 제공하는 기관의 정보에 투자하고 있다.

⑤ 차세대 기술 공부에 집중하면서 수입을 얻고 있다. 시대가 변화하는 속도는 계속 빨라지고 있다. 자신의 기술을 계속 연마하지 않으면 사회에 제공할 수 있는 문제 해결 능력도 뒤떨어

진다. 차세대 기술인 블록체인을 단기간에 효율적으로 배울 수 있도록 헤데라 해시그래프를 전국적으로 보급하는 활동을 맡고 있다.

💵 돈의 역사에 대해 부모도 함께 공부한다

부모는 자신의 가치관과 사고방식을 아이에게 전하고 싶어 한다. 하지만 부모가 경험한 기간은 겨우 30여 년 정도밖에 되지 않는다. 돈의 지식에 관해서도 그 인생 안에서 얻은 것만을 아이에게 전해주기 때문에 상당히 편향된 사고방식과 지식을 주게 된다.

돈의 구조와 역사 부분에서 봤듯이 경제의 큰 변화는 70~100년 주기로 찾아온다. 만약 자신이 모르는 과거를 돌아보지 않고 자신이 겪어온 단기적인 경험에서 생긴 가치관과 사고방식만을 전한다면 아이는 고생하거나 기회를 놓칠지도 모른다.

한 사람이 직접 겪을 수 있는 양은 아주 적다. 게다가 부모와 자녀는 살아갈 사회 환경도 경제 정세도 다르다. 따라서 부모의 개인적인 경험을 바탕으로 한 경제 감각만을 의지한 교육으로는 새로운 시대를 살아갈 자녀를 잘못된 방향으로 이끌 가능성이 있다.

과거의 시대에 어떤 일이 있었는지 알지 못하면 다음 세대에 도움이 될 만한 것을 가르칠 수 없다. 그러므로 부모도 겸허한 자세로 역사부터 배우는 것이 중요하다.

💵 돈에 대해 배울 장소는 곳곳에 있다

내가 주최하는 파이낸스짐, 이 공부 모임의 회비는 월 4,800엔이다. 이 공부 모임에 참가하는 사람들은 무척 열심인데, 얼마나 열정이 넘치는지 내가 놀랄 정도다. 이렇게까지 열심인 이유는 회비가 4,800엔인 것에 어느 정도 요인이 있다고 보고 있다. 만약 월 회비가 훨씬 싸거나 혹은 무료였다면 이렇게까지 열정이 높은 사람들이 모이지 않았을지 모른다. 매월 4,800엔이라는 금액을 투자해서라도 계속해서 돈의 공부를 하고 싶다고 생각하는 사람들이 모이는 것이다.

사실 투자란 처음에 리스크를 감수하지 않으면 돈이 늘어나지 않는 구조이다. 나는 많은 실패를 한 끝에 겨우 돈과 친해지는 방법을 배웠다. 물론 인생을 되돌릴 수 없을 정도의 실패는 하지 않았지만 아무런 리스크를 무릅쓰지 않으면 아무것도 얻을 수 없다.

손해를 보고 싶지 않다고 아무것도 하지 않으면 어떤 성장도 기대할 수 없다. 그런 사실을 아는 사람들로 구성된 이 공부 모임은 단순히 돈을 늘리기 위한 활동이 아니다.

이 공부 모임에서는 개별 상품의 투자 방법보다 리치 마인드나 돈의 구조와 돈의 역사 등 언뜻 보기에 돈을 늘리는 방법과는 직접 관계가 없어 보이는 것부터 배운다. 그리고 현재 성인뿐만 아니라 대학생과 고등학생 등 학생들도 늘어가고 있다. 앞으로 더욱 젊은 세대의 참가가 늘어나 파이낸셜 리터러시가 향상되기를 기대해 본다.

돈의 교육은 자녀의 미래에
복리를 안겨준다

FINANCIAL LITERACY IS EVERYTHING

에필로그의 Summary

- 🐷 돈의 교육을 하면 아이들의 다양한 능력에 꽃이 핀다.

- 🐷 돈의 교육을 하면 숫자에 강해진다.

- 🐷 돈에 흥미를 가진 아이는
  해외 사이트를 찾아보게 되어 영어 실력이 좋아진다.

- 🐷 돈의 교육이 학교 성적을 중시하는 교육에 비해
  아이의 자기 긍정감을 높여준다.

- 🐷 아이가 세계를 위에서 내려다보는
  시선을 가지면 글로벌 교육에도 도움이 된다.

돈의 교육은
아이의 능력을 무한히 넓혀준다

　돈의 교육은 단순히 돈에 대한 지식을 익힐 수 있을 뿐만 아니라 아이들의 다양한 능력을 키워준다. 그럼 어떤 능력을 키울 수 있을까.

돈의 교육을 하면 숫자에 강해진다

　돈은 숫자로 표시된다. 돈에 대해 잘 알기 위해서는 숫자를 피하지 않는 것이 무척 중요하며, 어렸을 때부터 가정에서 돈에 대한 이야기를 하면 숫자에 강해질 수 있다.

예를 들어 취학 전 아이라면 지갑 안에 있는 동전 세기부터 시작한다. 초등학생이라면 물건을 살 때 합계 금액과 할인 상품의 가격을 계산해보게 한다. 또한 가게의 하루 매상을 계산해보거나 주니어 투자 상품 등을 이용하여 투자에 도전하고 5년 후, 10년 후에 돌아올 수익을 계산해본다. 중학생이 되면 가정의 손익계산서와 대차대조표를 계산하여 그 안에서 대출이나 학비 등의 배분을 함께 생각해본다. 이런 과정을 지나는 사이에 숫자를 다루는 일이 당연해지고 숫자에 강해진다.

💵 해외에 가지 않고도 뛰어난 영어 실력을 키운다

내가 아는 한 대학생은 해외 거주 경험이 전혀 없는데도 뛰어난 영어 실력을 갖추고 있다. 내가 일본 대표로 있는 헤데라 해시그래프의 블로그 번역을 이 학생에게 맡길 정도다. 이 블로그는 영어가 모국어라도 어렵게 느낄 만한 표현이 포함되어 있는데 그럼에도 훌륭하게 번역해준다.

어떻게 높은 영어 실력을 갖추게 되었는지 물어보았더니 중학생 무렵부터 자료를 조사할 때 영어 사이트를 볼 일이 많았다고 대답했다. 돈의 교육을 하면 영어로 된 정보를 볼 기회가 많다. 따라서 평소에 영어를 읽으면서 뛰어난 영어 실력을 갖출 수 있다.

💵 시험 성적에서 해방되어 자기 긍정감이 높아진다

2013년에 실시한 일본과 외국 여러 나라 젊은이의 의식에 관한 조사에서 일본 아이들의 자기 긍정감은 세계에서 상당히 낮다는 결과가 있었다. '자신에게 만족한다', '자신에게 장점이 있다'고 느끼는 아이의 수는 선진국 7개국 중에서 가장 낮았다. 무척 안타까운 데이터다. 자기 긍정감이 강하면 작은 일에 절망하지 않고 의욕적으로 사람들과 관계를 만들 수 있기 때문이다. 아이들의 자기 긍정감이 낮은 이유는 어렸을 때부터 시험 점수와 학교 성적만으로 평가받는 점에 있지 않을까. 시험에 편향된 평가와는 별도로 아이에게 자신감을 붙여줄 수 있다면 자기 긍정감을 높일 수 있다. 여기에 돈의 교육이 도움이 된다. 돈을 얻기 위해서는 다른 사람의 문제를 해결해야 하는데 이런 일은 정답이 정해져 있지 않다. 방법은 다양하며 한 가지 기준으로 평가받지 않는다. 그리고 돈을 늘리는 것 자체가 무척 즐거운 일이기 때문이다.

🔅 아이가 세계를 위에서 내려다볼 수 있는 글로벌 교육

지금은 지구 사회 만들기, 인권, 평화, 분쟁 방지, 다른 문화에 대한 이해 등의 주제를 통해 세계 차원에서 모든 것을 생각하는 습관을 들이는 글로벌 교육이 필요한 시대다. 물건, 서비스, 그리고 정보 등이 전부 세계와 이어지는 현대에 있어서 세계적 차원의 시점으로 모든 것을 생각할 필요가 있다는 말이다.

이를 위해서는 앞에서 소개한 영어 실력은 말할 것도 없고, 돈의 교육도 빠뜨릴 수 없다. 돈의 마인드를 가지고 돈의 구조와 돈의 역사를 이해하고 탐구하면 세계 경제 전체를 배울 수 있게 되고, 세계적 차원에서 생각하는 습관이 생길 것이다.

그리고 반복해서 설명했듯이 돈의 교육은 돈을 들이지 않아도 할 수 있다. 학교와 학원에 의지하지 않고 집에서도 가능하다. 어렸을 때부터 가정에서 돈에 대해 이야기를 나누고 생각해본다. 그리고 돈을 사용하고 늘리는 도전을 해본다.

이런 것이 아이에게 줄 수 있는 최고의 교육이 아닐까.

사랑하는 미래의 아이들에게

💵 돈의 교육으로 사람에 대한 사랑과 배려를 키운다

마지막까지 읽어주신 독자 여러분께 무척 감사드린다. 이 책을 통해 100년에 한 번 찾아온다는 위기를 뛰어넘어 다시 없을 절호의 기회를 자녀와 함께 붙잡을 준비가 되었으면 좋겠다.

여기까지 읽어봐도 역시 아직 아이에게는 돈에 대한 이야기가 빠르지 않을까 주저하는 분이 있을지도 모르겠다. 돈에 대해서 가르치면 돈만 찾는 인간이 되어 다른 사람에 대한 배려와 사랑하는 마음을 키울 수 없지 않을까 걱정되기도 할 것이다.

하지만 지금까지 몇 번이고 이야기했듯이 돈을 버는 것은 다른 사람의 문제를 해결하는 일이라고 이해한다면 다른 사람에 대한 사랑과 배려하는 마음을 충분히 키울 수 있을 것이다.

내가 유치원 아이를 대상으로 하는 돈의 세미나에서 이야기하는 중요한 포인트도 '돈은 무엇인가' 그리고 '부자가 되기 위해서는 어떻게 하면 좋은가?'이다. 이 책에서도 똑같이 돈을 얻기 위해서는 사람이 안고 있는 문제를 해결해줘야 한다고 이야기했다.

세미나가 끝나면 참가한 아이들이 다른 사람에게 더 다정하게 대해 주겠다거나, 곤란한 일을 겪는 사람이 있으면 도와주고 싶다고 말하곤 한다. 그러면 부모님들은 한결같이 놀란다. 세미나 중에 사랑을 베풀고, 배려심을 갖자는 등의 도덕적인 이야기는 전혀 하지 않았기 때문이다. 그래도 아이들은 돈을 얻는 일이 사람과 사회에 관심을 기울이고 곤란한 문제가 있는 사람을 도와주는 일이라는 것과, 사랑과 배려심을 가지는 것이 중요하다는 걸 이해한다.

또한 이 세미나의 영상을 본 사람들도 긍정적인 반응을 보였다. '어렸을 때 이런 세미나에 참가했다면 좋았을 텐데', '아이들의 미래에 희망이 보인다', '우리 집 아이에게도 돈의 공부를 시키고 싶다!' 같은 반응이었다. 어린아이에게 돈의 교육이 이르다고 생각하는 사람들은 여전히 많지만 결코 이르지 않다. 이 세미나는 내가 운영 중인 유튜브 채널(https://www.youtube.com/watch?v=d5VA5_0zNQk)에서 볼 수 있다.

💵 돈의 교육으로 가정의 교육력이 높아진다

돈의 교육은 가정의 교육력이 높아지는 원동력이 된다. 가정의 교육력이란 가정력이나 가족력이라고도 불리는데, 훈육법 등을 포함하여 아이들을 건전하게 키우기 위해 필요한 교육력을 가리킨다.

하지만 최근에는 지역 연대가 희박해지면서 부모가 가까운 사람에게 육아에 대해 배우거나 도움을 받을 기회도 줄어들어 이 힘이 약해진 것이 문제가 되고 있다. 그것이 아동 학대를 일으키는 요인이 되기도 하고, 혹은 아이들의 학력 저하나 비행, 등교 거부 등으로 이어진다고 지적하는 사람도 있다.

이 점에 있어서도 돈의 교육이 필요하다고 느낀다. 돈의 교육을 하면서 자녀와 부모가 많은 대화를 나눌 수 있고, 가정력도 높아질 수 있기 때문이다. 미취학 아동이 있는 집에서는 매일 일상생활 속에서 돈의 가치를 만들어내는 것, 다시 말해 사람을 행복하게 하는 일의 중요함을 이야기할 수 있다. 아이가 초등학생이라면 용돈을 사용하는 방법과 투자 경험 등을 통해 가정의 규칙과 사회 연대를 가르칠 수 있다.

자녀가 중학생, 고등학생이라면 돈의 구조와 돈의 역사에 대해 더 깊이 있게 생각하고 글로벌 시점으로 돈에 대해 이야기를 나눌 수 있다.

"이건 무슨 의미일까? 아빠도 모르겠네. 같이 조사해보자."

이렇게 이야기할 기회를 조금씩 늘려보면 어떨까?

근처에 비슷한 또래의 부모와 아이들을 모아 돈의 공부를 함께하거나 캐시플로 게임을 하는 등 즐길 수 있는 미니 이벤트를 열어보는 것도 좋다. 이런 시도가 가정의 교육력뿐만 아니라 지역 커뮤니티를 활성화시켜 교육력을 높이는 계기가 될 수 있을 것이다.

나는 지금 세상을 살아가는 모든 사람, 그리고 미래의 아이들이 올바른 돈의 지식을 익혀 안심과 자유가 있는 미래를 살아가기를 간절하게 바라고 있다.

참고 문헌 및 논문

◎ 참고 문헌

『당신의 주인은 DNA가 아니다』 브루스 립튼 지음, 두레

『레이 달리오의 금융 위기 템플릿』 레이 달리오 지음, 한빛비즈

『The New Lombard Street : How the Fed Became the Dealer of Last Resort』 Perry Mehrling, 국내 미출간

◎ 참고 논문

「Why and How Capitalism Needs to be Reformed」, Ray Dalio

「Money Creation in the Modern Economy」

「How Money is created by the central bank and the banking system」, Swiss National Bank, Chairman of the Governing Board. Zurich 16 January 2018

「The Labor Share in G20 Economies」

「How do banks create money, and why can other firms not do the same?」, Richard A. Werner

「Money, Credit and Velocity」, Federal Reserve Bank of St. Louis

※본문에 출처를 표시한 내용은 제외했다.

자본주의 사회를 살아가는 우리에게 필요한 것

우리는 자본주의 경제 체제에서 살아가고 있다. 태어나는 순간부터 돈은 삶의 모든 영역에 관계한다. 서점에 가보면 주식 투자나 부동산 투자 등, 다양한 투자로 돈을 버는 방법에 대해 이야기하는 책이 넘쳐난다. 그런데도 우리는 돈에 대해 이야기하는 걸 여전히 조심스러워하고 있다.

근면 성실하게 일하는 것을 최대의 미덕이라고 여겨온 문화 때문에 자리 잡은 인식은 쉽게 변하지 않는다. 노동 수입만으로는 살아가기 힘들다는 것을 이 시대를 사는 사람이라면 누구나 잘 알고 있다. 일하지 않고 자본으로 돈을 버는 것이 어쩐지 꺼려지는 사람들에게는 투잡, 쓰리잡이 너무나 당연한 것처럼 여겨지는 시대이다. 하지만 그렇게 일해서 돌아오는 것은 무엇일까? 제대로 된 취미 생활을 누리기는커녕 쉴 시간도 부족하다. 노동자가 과로로 사망한다는 뉴스가 하루가 멀다 하고 들려온다. 그러다 보니 로또 당첨을 꿈꾸거나 제대로 된 지식도 없이 대박을 노리며 주변에서 들은 정보에 휘둘린 일명 '묻지 마 투자'를 하는 사람도 있다.

일본의 경우 우리나라보다 자본 수입에 대한 인식이 더욱 낮아서 투자를 하는 사람이 지나치게 적다고 한다. 정부가 투자를 장려하기 위한 세금 정책을 내놓을 정도다.

반면 우리나라는 어떨까? 요즘 주위를 둘러보면 주식 투자를 하지 않는 사람이 거의 없을 정도다. 투자 위험이 더 높다고 하는 암호화 화폐 투자자도 증가하고 있다. 주변에서 아파트를 구입하여 몇 개월 사이에 얼마가 올랐다는 이야기는 너무 쉽게 들을 정도로 아파트에 대한 일종의 동경은 여전하다.

그래서인지 우리나라는 바람직한 투자라기보다는 대박을 노린 투기에 가까운 투자를 하는 경우가 훨씬 많이 보인다. 많은 사람들이 감당하지 못할 정도의 잘못된 투자로 큰 손실을 입고, 이런 현상은 결국 투자에 대한 인식을 더욱 나쁘게 만든다. 자본 수입을 노리는 것은 떳떳하지 못한 일이고 열심히 노동으로 돈을 버는 것이 좋은 것이라는 인식이 더욱 확고해질 수 있다. 빈부 격차가 점점 더 심해지는 상황에서 이런 인식은 오히려 위험하게 느껴진다.

미안 사미는 금융계의 과학자라고 불리는 파키스탄계 일본인이다. 일본에서 태어나 미국에서 공부를 하고 세계 일류 금융회사에서 근무하며 대규모 자본을 다루는 등 뛰어난 실적을 올린 경험이 있다. 하지만 저자 역시 돈에 대한 지식을 갖추기 전에는 다른 사람의 정보에 휘둘려 투자에 실패한 쓰라린 경험을 했다고 한다. 이런 경험을 바탕으로 동서양의 문화에 대해 잘 이해하고 있었기 때문에 우리에게 맞는 돈에 대한 이야기를 쓸 수 있었을 것이다.

거기에 더해 그는 네 아이를 둔 아빠로 끊임없이 아이들의 미래에 대해 고민을 하고 있다. 아이들의 미래에 대한 고민을 하다 보니 돈에 대한 교육이 더욱 절실하게 느껴졌을 것이다. 그런 연유로 지금은 일본에서 돈에 대한 폭넓은 지식을 공부하는 스터디 모임을 비롯해 다양한 강연회를 주재하고 있고, 그 강연은 점점 많은 관심과 인기를 얻고 있다고 한다.

이제는 많은 사람들이 노동 소득만으로는 안정된 생활비를 벌기도 힘든 시대가 되었다. 경제 상황이 변화하는 이 시대에 아이들이 미래에 행복해지기 위해서는 무엇을 할 수 있을까? 이런 시대이기 때문에 더욱 올바른 금융 지식을 가르쳐 투기가 아닌 각자의 상황에 맞는 투자를 할 수 있는 리치 마인드를 아이들이 갖출 수 있게

도와줘야 할 때라고 생각한다.

　돈에 대한 교육으로 안심하고 자유롭게 살 수 있는 미래를 아이들에게 선물하자.

　　　　　　　　　　　　　　　　　　　　　　　부윤아

내 아이의 리치 마인드

초판 1쇄 2021년 10월 27일

지은이 | 미안 사미
옮긴이 | 부윤아
펴낸이 | 송영석

주간 | 이혜진
기획편집 | 박신애 · 최미혜 · 최예은 · 조아혜
외서기획편집 | 정혜경 · 송하린 · 양한나
디자인 | 박윤정 · 기경란
마케팅 | 이종우 · 김유종 · 한승민
관리 | 송우석 · 황규성 · 전지연 · 채경민

펴낸곳 | (株)해냄출판사
등록번호 | 제10-229호
등록일자 | 1988년 5월 11일(설립일자 | 1983년 6월 24일)

04042 서울시 마포구 잔다리로 30 해냄빌딩 5 · 6층
대표전화 | 326-1600 **팩스** | 326-1624
홈페이지 | www.hainaim.com

ISBN 979-11-6714-010-4